中小企业资本监管法律问题研究

李　玉◎著

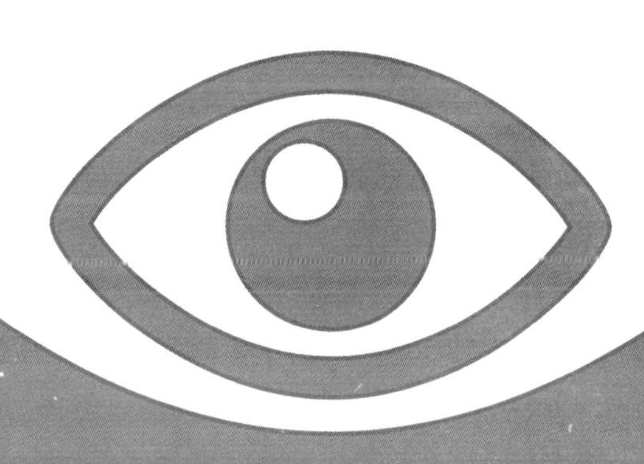

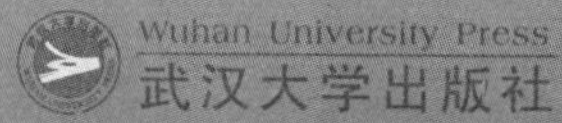

图书在版编目(CIP)数据

中小企业资本监管法律问题研究 / 李玉著. — 武汉 : 武汉大学出版社，2021.8

ISBN 978-7-307-22351-6

Ⅰ. 中… Ⅱ. 李… Ⅲ. 中小企业－资本管理－法律－研究－中国 Ⅳ. D922.291.914

中国版本图书馆CIP数据核字(2021)第088218号

责任编辑：黄朝昉　　责任校对：牟　丹　　版式设计：左图右书

出版发行：**武汉大学出版社**　（430072　武昌　珞珈山）

（电子邮箱：cbs22@whu.edu.cn 网址：www.wdp.com.cn）

印刷：武汉乐生印刷有限公司

开本：787×1092　1/16　　印张：10.5　　字数：150千字

版次：2021年8月第1版　　2022年3月第1次印刷

ISBN 978-7-307-22351-6　　定价：48.00元

前　言

作为世界各国经济发展中的重要力量，中小企业不仅在提升各国经济发展水平、满足社会各方需求、保持竞争性市场结构、维护社会稳定等方面有着得天独厚的优势，也为各国经济持续健康发展不断提供新的动力。

中小企业在当前我国国民经济发展中，在确保经济增长、优化经济结构、增加就业机会、提升科技实力等方面的作用越来越大，已经成为推动我国经济发展的重要基础性力量。中小企业是现代市场经济中最活跃的经济细胞，在经济生活中的地位与作用不可替代。不过，中小企业的弱点也十分突出，在实际经济发展过程中，也经常被自身经济实力弱、能够使用的社会资源较少等问题所困扰，从而无法在市场竞争中占据优势。这些弱点和问题，很难凭借自身力量从根本上克服，也无法单纯依靠市场的力量加以解决，往往需要通过政府的扶持来进行。政府对中小企业的扶助可以是经济的、行政的或法律的手段与措施。其中资本监管法律手段最能有效促进中小企业发展，也是世界各国最普遍的做法。要充分发挥中小企业机动灵活的优势，全面促进中小企业发展，需要从根本上消除制约中小企业发展的“瓶颈”因素，提供公平的市场竞争秩序以及企业发展环境。增强中小企业的市场竞争力，尤其需要为中小企业发展提供稳定的法制环境，建立完善的法律制度，这对促进中小企业良性发展，保障中小企业的合法权益具有深刻的现实意义。

笔者在本书中对如何完善和促进我国中小企业资本监管法律问题提出了一些自己的思考和补充，为中小企业的健康发展做出自己的努力。

目 录

第一章　中小企业资本监管法律制度演变及现状

第一节　中小企业资本监管法律制度的演变

公司资本监管主要包含两方面内容：第一，公司设立时，企业家必须投入一定数额的初始资本，初始资本的最低额由法律规定；初始资本必须超过法定最低额度，否则不具备设立公司的资格；监管部门对初始资本的真实性通过验资程序监管。此外为确保初始资本的真实性，监管机关的后续监管任务是阻止虚报注册资本、虚假出资等欺诈行为。第二，公司运营过程中，企业家必须保证公司资产不低于注册资本，否则法律会限制公司向股东转移资产的行为，对抽逃出资等欺诈行为进行监管；企业家可以自行追加注册资本，但如若减少注册资本，则必须经过债权人同意，且追加或减少注册资本都必须履行相应的变更登记手续。

一、中小企业资本监管法律制度的发展

（一）《中华人民共和国公司法》（以下简称《公司法》）的确立与修订

自我国《公司法》1993年颁布以来，该法共经历了五次修订、修正，其中，1999年、2004年、2013年和2018年的修正涉及个别条款或个别制度；2005年的修订是全面修订，除24个条文没有变动外，其他条文均做了增加、删除或修改，大多是实质内容的修改，并强化了公司自治，许多法律规范由强制性规范转变为任意性规范，条文总数由原来的230条调整为219条，对章节结构也做了调整，故此次修订被称为《公司法》的改革。我国《公司法》虽然经过多次修订、修正，但其体系一直没有变化；2005年我国《公司法》修订时尽管对章

节结构有所调整，但未从根本上改变其规范和结构体系。

由于历史的原因，我国《公司法》最初是为现代企业制度的建立，而参酌各国公司立法经验，整合了有限责任公司法规范和股份公司法规范，采取“统分结合”的方式，形成了现行法上的规范体系。这一体系对法律解释和法律适用产生了困扰。各国现代公司法体系是19世纪自由竞争和工业经济的产物，是为大型公开公司的需求而设计的。多数国家以公开公司为基础，以封闭公司为例外，建立了公司法的体系，在立法形式上，采取这两类公司的分别立法或统一立法的模式。

我国《公司法》的这一规范体系，与立法的特殊历史背景有关。我国公司立法是从1983年开始的，当时全国人大常委会和国务院都认为，1979年以来，公司数量逐渐增多，对发展经济发挥了越来越重要的作用，同时也出现了一些问题，迫切需要制定公司法，具体由国家经委（于2003年撤销）、国家体改委（于1998年撤销）负责起草。1986年由国家经委分别起草公布，经征求意见和建议拟定《有限责任公司条例》和《股份有限公司条例》（送审稿）。1992年，由国家体改委正式发布了《有限责任公司规范意见》和《股份有限公司规范意见》，1992年8月国务院提请全国人大常委会审议《有限责任公司法》（草案）。全国人大常委会委员在审议《有限责任公司法》（草案）时提出，为适应社会主义市场经济发展的需要，应当制定一部覆盖面更宽一些、内容比较全面的公司法。根据全国人大常委会委员长会议的决定，全国人大常委会法制工作委员会在国务院和国务院有关部门拟订的上述条例、规范意见和法律草案的基础上，汇总起草了《公司法》（草案）。

（二）中小企业资本监管法律制度的发展

1993年底，《公司法》初定时采用了法定资本制，建立了以工商行政机关为监管主体、以验资制度和年检制度为核心内容的公司资本监管制度，通过验资来设立准入门槛，并以年检来跟踪企业资本的变化；作为中介机构的会计师事务所受企业委托出具验资报告和年检审计报告。这套制度于2013年底《公司法》第三次修订后被废除,历时20年之久。

除了负责形式审查,执法机关的主要工作就是查处公司资本欺诈行为,包括虚报注册资本、虚假出资和抽逃出资等。因为在此期间,资本监管制度原本存在的严重设计缺陷暴露出来;加之薄弱的执法力量疲于应对,无力形成抑制违法行为的有效威慑,导致了中小企业资本欺诈行为的泛滥,其数量之多和比例之高,已经造成"普遍性违法"与"选择性执法"并存的尴尬局面,而这也意味着针对中小企业的资本监管已经形同虚设。

中小企业资本欺诈行为的彻底失控,必然会引发一系列恶性连锁反应,例如企业信用降低、市场交易费用上升、市场交易数量下降、银行信贷规模压缩、中小企业融资难、地下钱庄泛滥、民间借贷利率上升、企业投资风险加大等,并可能引发其他类型的违法犯罪,如提供虚假财会报告、金融诈骗、伪造金融票证、变相吸收公众存款以及各种幕后交易等。

在2013—2014年公司资本监管制度改革之前,中小企业的资本欺诈行为早已失控,"普遍性违法"与"选择性执法"并存的局面意味着过去20年针对中小企业的资本监管制度已经失灵,这也是随后开启公司资本制度改革的重要背景因素。"监管"在更多的场合被称作"规制","监管失灵"也就是"规制失灵"。

1994—2014年的中小企业资本监管实际上是一个监管失灵的典型案例,从分析这一案例中获得的特定结论可以在法理学层面上做一般性扩展。实际上,"普遍性违法"和"选择性执法"并存的局面在其他领域也曾发生,而最终的解决方案则大同小异——要么放弃执法,要么软化执法的方式。这意味着重新或更加重视市场调节和私人执法的潜力,在作为"私人警察"的市场看门人与作为公共看门人的国家监管机关之间权衡利弊,发挥各自的比较优势,以达到增加社会福祉的规范目标。

我国2013年《公司法》的修正是一次对《公司法》未来发展方向

有着重大影响的修正，其中最为重要的就是把《公司法》中对于注册资本的规定由法定改为公司章程规定，并相应修改了公司的设立登记制度。此次修订废除了法定资本制，改实收资本制为认缴资本制，公司资本监管制度也经历了相应的改革，验资制度和年检制度被企业信息公示制度取而代之。尽管这次改革仍然无力完全阻止中小企业的资本欺诈行为，但却让执法者和被执法者摆脱了"殆于执法"和"疲于应对"的困境。至于改革的遗留问题，则或许可以通过在"揭开公司面纱"诉讼中采用举证责任倒置以及在企业信息公示制度中补充私人执法来缓解或克服。

验资制度是指法定机构按规定查验公司股东实际出资情况，并在查验后根据查验结果提供相应证明文件的制度。在验资制度被废除之后，由于公司的资本真实情况无法通过验资制度来保障，只能依靠行为人本身的诚实守信以及相互监督，法律在此层面上所发挥的作用微乎其微。但法律对资本的干预和监督仍是十分必要的，只是其干预监督的方向可以放在公司的实际运行经营过程中，把控公司的实际经营过程，一旦发现公司有虚假出资等情况，立刻由登记机关主动依职权展开调查并告知发生或即将发生交易的当事人调查结果，也可根据当事人的请求，由当事人自行调查核实资本真实情况，将出资履行的举证责任归属于出资股东，由股东证明其已履行完出资义务，若无法证明则推定股东为未履行完毕出资。

（三）公司资本制度的监管的发展方向

对公司资本制度的监管，要形成对公司资本制度的系统化监管，不仅要采用司法路径进行监管，还要建构工商部门的抽查工作实施机制，对公司的审计信息进行检查，确保公司公示信息的真实性和及时性，真实地反映公司的资信情况，更好地维护债权人的利益。同时，还要完善债权人保护等其他机制，例如，实施认缴制但没有足额实缴资本的股东，也要依照其认缴资本份额承担相应的责任；对于滥用公司制度而损害债权人利益的股东，不仅要适用法人人格否认制度，还要完善刑事法律相关的制度等。

公司法资本制度的改革是我国市场经济不断成熟和完善的体现，对于激活企业活力有重大的意义，与创新创业的时代背景相契合，牵涉诸多关于债权人保护的机制，如公司信息公示制度、监管制度、司法保护机制等，然而在实践中还存在不完善之处，有待进一步建构和完善，更全面合理地实现公司资产制度改革的宗旨，创建更加富有活力、健康有序、诚实信用的商业环境。

二、资产管理公司资本监管政策发展历程概述

(一)资本监管政策空白期

在我国金融资产管理公司的发展历程中，最早的金融资产管理公司成立于1999年，在至今的二十几年里，相关政策已经出台了很多个版本，金融资产管理公司也经历了按照政策要求来进行企业规划、企业转型以及未来发展规划的不同阶段。其中具有代表性的阶段要隶属资本监管政策的空白期，金融资产管理公司应依照政府要求接收处置国有企业银行不良资产。这是我国金融资产管理公司首次与国有企业进行对口接收的一项业务，这项政策的出台打破了我国金融资产管理公司政策性业务的局限性，为金融资产公司的发展打下了良好基础，也为国有金融资产管理公司主动开拓我国不良资产渠道的商业化转型打下了坚实的基础。我国金融资产管理公司依照有关政策进行企业规划和企业管理。

2004年之后，是我国金融资产管理公司的企业转型时期，很多金融资产管理公司迈向商业化转型的路线，这时并没有相关的具体政策能够为这些资产公司进行风险评估和风险控制，直到后来相关部门才提供专门的政策。但是在这段资产监管政策空白期内，我国金融资产管理公司仍然面临着管理不善、运作模式比较单一的问题，核心问题在于相关监管部门对金融资产管理公司没有直接管理的权限和要求。但是很多金融资产管理公司仍然管理着大量数额的国有银行不良资产，所以在资本监管政策空白期内，金融资产管理公司所面临的最大问题是业务和运作模式的单一化与巨大的企

业运转压力之间不平衡的矛盾。

(二)资本监管政策建立期

在2005年之后,我国社会经济发展进入了快车道,面对着快速发展的社会经济,我国金融资产管理公司的队伍也逐渐壮大。这不仅是由于快速发展的社会经济带给我国金融资产管理公司发展的有利条件,同时也是因为相关政策的出台,为我国金融资产管理公司的未来发展带来了全新的希望。而成功渡过了资本监管空白期的金融资产企业都已经成功转型为拥有金融全牌照的金融控股集团,在面对着规模巨大的金融控股集团时,相关监管部门也逐步意识到了我国金融资产管理公司的能力范围以及这些企业在进行商业转型后必须和即将面临的巨大管理风险,相关部门适时出台一则相关的管理条例来对金融资产管理公司进行管理和约束。这也是金融资产管理公司在发展过程中,面临的资本监管政策建立的初级阶段,为我国金融资产管理公司防范了相关的运作风险,也规范了我国金融资产管理公司的运营业务。

例如在2011年,为了适应我国金融资产管理公司转型后所持有的集团规模,相关部门出台了具有多元化监管需求的条例,对整个金融集团的资本及运作风险进行了跟踪评估和管理,这也是第一次大规模全方位地对金融资产管理公司进行跟踪式持续风险评估。在这个条例中提出了对金融资产管理公司的管理和风险评估,要将内容大于形式作为管理原则。但是这项管理条例的问题在于,金融资产管理公司对于自身子公司实际控制情况具有很大的弹性空间,对于金融资产管理公司资本充足状况指标的评估和统计具有不确定性。

三、国外中小企业相关法律政策的演变趋势

当前,随着国际金融危机的蔓延及其对实体经济影响的加深,中小企业在解决民生问题、促进社会和谐方面的作用迅速凸显,借鉴国际经验,完善中小企业支持策政日趋重要。这里将就国外中小

企业相关法律政策的演变趋势进行探讨,以期对完善我国中小企业的支持政策有所启发。

(一)由对中小企业的自由放任转向对中小企业的保护进而促进

早在自由资本主义时期,由于经济中的垄断力量不强,竞争程度很高,各国支持中小企业的政策定位是既不扶持,也不限制,任其自由发展。资本主义进入垄断阶段后,大企业逐步取得垄断地位,市场控制能力增强,为了维护市场公平竞争,防止大企业垄断形成对小企业的生存威胁,美国出台了《谢尔曼反托拉斯法》(1890年)和《1914年克拉顿法》,但此时尚未出台专门的小企业扶持政策。20世纪30年代的大萧条,使许多资本主义国家的政府认识到中小企业在稳定经济、扩大就业等方面的积极作用,开始实施对中小企业发展的保护政策,尤其是第二次世界大战以后,许多国家通过制定法律法规,甚至成立专门的管理机构,来加强对中小企业的保护和扶持。美国于1953年颁布了《小企业法》,专门成立了小企业管理局,为保护和扶持小企业奠定了基础。

从20世纪50年代末期开始,德国对中小企业采取保护和扶持政策,一个重要目的是限制大企业通过垄断手段兼并中小企业,推动市场自由竞争局面的形成。第二次世界大战后处在经济恢复阶段的日本,制定了一系列的法律,如《中小企业振兴对策纲要》《中小企业信用担保法》等,来改善中小企业的发展环境;并在通产省之下建立了中小企业厅,积极实施针对中小企业的保护政策,并实践中小企业资本监管制度,致力于营造稳定、良好的市场环境。

20世纪70年代的世界性经济危机,使各国政府进一步认识到中小企业在技术进步和创新方面的巨大优势,促进了各国政府将对中小企业的支持政策由消极保护转向积极促进。在美国,为了鼓励小企业的技术创新,政府制定了《小企业创新发展法案》(SBIDA,Small Business Innovation Development Act),并建立了小企业创新研究项目(SBIR,Small Business Innovation Research)等,推动美国小企业发展进入黄金时期；克林顿政府以来的一系列与小企业有关的法律，如《小企业贷款支持法》《发明者权益保护法》《小企业投资中心技术改进法》等，更加体现了美国政府对小企业发展的积极促进与扶持。

在此阶段，德国政府不仅对《反限制竞争法》进行了再次修订，通过制定《改革中小企业结构的基本纲领》，引导中小企业建立合理的企业规模结构；还专门制定了面向中小企业的技术支持政策，如1977年制定的《联邦政府关于中小企业研究与技术政策总方案》以及1978年颁布的《中小企业研究和研制工作基本设想》等，据此政府可以直接以补助形式将专门资金发放到各中小企业。

顺应国际经济形势的变化，日本政府颁布了一系列法律，如《中小企业部门调整法》《特定不景气地区中小企业临时对策措施法》以及《中小企业技术开发法》等，以此来调整大企业和中小企业的关系，积极鼓励中小企业进行新的技术开发，帮助中小企业获得新的发展。尤其是20世纪90年代后，日本经济进入低速成长期，鉴于日元升值、经济泡沫破灭和贸易保护主义猖獗，日本政府及时修改了《中小企业基本法》，其政策目标也由消极地改变大小企业的差距，变为积极发展各种形式的中小企业，政策重点转向促进企业新建和业务创新，加强对中小企业的管理资源支持，做好中小企业资本监管，帮助其改善安全网络，等等。

（二）中小企业资本监管政策逐步走上系统化、制度化和法制化的轨道

随着中小企业资本监管政策的不断完善，许多发达国家的中小企业支持政策在手段上逐步规范，在内容上日益具体化、制度化和法制化，形成了较为完善的政策体系。

在美国，从1890年《谢尔曼反托拉斯法》开始，小企业政策已有100多年的历史。但直到第二次世界大战前，美国小企业政策一直笼统而分散。1953年《小企业法》的实施和小企业管理局的成立，标志着美国零散、混乱的小企业政策趋于完善和清晰。经过长期的实践，美国建立了一套包括中央政府、地方政府、民间组织、社会团体在内，多层次有机结合的组织机构，通过立法形成了规范的法律制度，为实施小企业政策建立了有力的组织和法律保障。

在德国，1957年制定、1965年修订的《反限制竞争法》，对保护中小企业利益、促进自由竞争产生了划时代的影响。

日本是发达国家中中小企业立法最健全、最完善的国家。第二次世界大战以后，日本政府先后制定了30多部有关中小企业的法律，基本形成了相对独立、较完整的中小企业法律体系。其中，1963年出台的《中小企业基本法》，标志着日本中小企业资本监管政策转向系统化、现代化和法制化的阶段。到了20世纪七八十年代，随着国际经济形势的变化、企业之间竞争日趋激烈，市场竞争的主要决定因素从资本转移到技术，为此日本政府出台了《中小企业技术开发促进临时措施法》，重新修订了《中小企业基本法》。进入21世纪后，日本又组织实施《中小企业新事业活动促进法》。几乎促进中小企业发展的每一项政策措施，日本都有明确的法律依据。

第二节 中小企业资本监管法律制度中存在的问题

一、我国中小企业融资的法律问题

(一)当前中小企业在融资中遇到的主要问题

1. 债权融资方式的适用存在障碍

中小企业向银行等金融机构申请贷款，是债权融资的主要形式。中小企业能否获得债权融资的主要条件，是中小企业能否向银行提供充分的信用。银行往往要求中小企业提供担保。法律上的担保形式有典型担保(抵押、质权、留置)和非典型性担保(浮动担保、让与担保、所有权保留等)。采取何种担保形式，由企业和银行协商。由于银企之间的利益冲突，某些新型的担保方式难以为中小企业采纳。这里以《中华人民共和国民法典》(以下简称《民法典》)

规定的抵押为例分析。

第一,中小企业适用抵押的困难。抵押是指抵押人在其现在和将来的全部财产或者部分财产上设定的担保。抵押是营业资产整体融资的方式之一。

我国《民法典》允许设置抵押的主体范围广泛,包括企业、个体工商户、农业生产经营者。有观点认为我国的这一规定比英国等发达国家通行的范围广,更符合我国经济发展的需要。但是,若由个体工商户、农业生产经营者设定浮动抵押,则应以建立有效的财产监督管理制度为基础,然而,面对数量众多的中小企业,难以在短期内建立有效的财产监管制度,因此,浮动抵押短期内很难适用于中小企业。

第二,中小企业适用权利质押的困难。企业用于融资的财产,不仅局限于有形财产,也可以利用无形财产,如权利质押。有学者认为,在不动产抵押作为"担保之王"的光环逐渐消退的今天,动产抵押与权利质押的重要性日渐突出。所谓权利质押,是指为担保债务的履行,将债务人或第三人所享有的权利移转给债权人占有,在债务人届期不履行债务时,债权人有权将该权利处分用以优先受偿其债权。权利质押的标的物范围很广,拓宽了企业融资渠道;特别是现代市场经济中无形财产日益增加,以及大量票据、提单的产生,让权利质押成为企业融资手段的新亮点。

中小企业提供的权利质押能否被资金提供者所采用,取决于一定的条件。以应收账款质押为例,应收账款的实质是债务人的付款请求权,债务人以其对第三人的债权为自己的债务设置担保。但是,银行是否愿意接受中小企业的应收账款质押,取决于银行的风险判断。银行作为资金提供者,在考虑应收账款质押时,愿意选择有稳定现金流收入的企业,特别是大型企业,而对于中小企业特别慎重,中小企业往往因不符合金融机构的风险防范要求,而被排除在应收账款质押之外。

2.股权融资方式的适用障碍

股权融资，是直接融资方式。通过股权融资，资金提供者成为企业的出资人，与企业共担风险，是企业融资的常见方式。为降低企业融资成本，分散投资风险，股权融资的关键是建立良好的资本进入、流通和退出机制。然而，资本运作中的法律规则没有解决中小企业的特殊问题，因为我国的中小企业符合上市条件的，可以通过创业板上市融资，实现风险投资的转移，但是，对于大量的并不符合上市条件的中小企业，其资本的流通和退出，仍然存在一定的困难。

（二）解决我国中小企业融资问题的法律制度对策

解决中小企业融资难的问题，可以从以下几方面采取相应的对策：①完善证券市场相关立法，为中小企业融资创造条件。②建立规范有序的民间资本市场。③尽快制定与中小企业融资相关的配套法律法规。

总之，大型企业是国民经济的骨架，中小企业是国民经济的细胞。国民经济是否有活力，取决于中小企业的发展。虽然中小企业作为整体对社会经济的发展具有重要作用，但是，每一个中小企业作为个体在市场竞争中却处于“弱者”地位。中小企业问题的法律解决本质上是一个保护经济弱者的问题，同时也是国家的产业政策问题。解决中小企业的融资难问题，需要正视中小企业在市场中的“弱者”地位，给予中小企业适当的扶助，实现中小企业和大型企业之间实质的平等，保证中小企业也能充分享用法律所提供的资源。

二、中小企业融资监管的问题

法律法规不完善必然导致融资监管不到位。虽然我国已经颁布了很多有关金融监管的法律法规，但这些法律法规没有形成完整的体系，层次较低，可操作性不强，难以有效满足中小企业融资监管的具体工作需要。关于金融机构市场准入、信息披露、治理模式、市场退出等方面的规定不健全，制约融资监管的制度化和规范化进程，对破解中小企业融资困境的作用十分有限。

（一）政策措施不健全

监管部门对中小企业融资监管的制度安排不到位，相关政策措施不完善，尤其缺乏规范融资市场的激励机制和约束机制。因此，为提高中小企业融资监管水平，因地制宜，制定完善的激励和约束机制，完善相关政策措施是十分必要的，主要包括商业银行产权制度、约束规范经营的核心制度等，以更好满足中小企业融资监管需要，提高融资监管工作效率。

（二）融资由银行主导

整个中小企业融资体系中，银行占据主导地位。在这种情况下，对中小企业的资金政策支持主要通过金融中介机构实现，同时为有效破解融资困境，必须依赖本地金融机构服务。由此带来的问题是，监管机构在市场准入、新产品审查过程中，也要对本地金融机构进行适当照顾和倾斜，注重优先发展本地机构。这样能更为详细和全面地掌握当地实际情况，为中小企业融资提供更为优质的服务。

（三）扶持方案不完整

中小企业融资是一项系统复杂的工作，涉及多方面的内容，但监管机构在扶持方案设计时，忽视对相关问题的系统和全面考虑，缺乏整体和系统的规划及安排，未能将产品、创新与制度、法规等综合起来进行全面考虑，也没有着眼金融机构整体发展这一理念，影响了中小企业融资监管工作水平提高。

（四）监管合作不到位

在金融业国际化趋势日益明显的背景下，中小企业的业务发展和融资逐渐突破地域限制，并逐步转变为一种全球性的风险和热点。为提高融资监管工作效率，加强监管合作是一种趋势和必然。但目前监管合作力度不够，很多国家和金融管理机构对该问题不重视，忽视金融监管的经验和信息分享，跨国融资违法监管不到位，融资监管的双边和多边制度缺失，难以有效协调各方行动，影响融资监管工作效率，也不利于中小企业融资。

三、中小企业资金管理存在的问题

资金管理是指企业对资金进行控制、管理、监督和使用的活动。资金管理活动可以帮助中小企业规划经营、扩大资金规模，发展、提高企业整体管理水平。中小企业资金管理活动的价值主要体现在对资金的科学规划和使用上。首先，通过资金管理活动，可以帮助企业进行合理的经营规划，更好地开展经营活动。其次，加强资金管理，可以帮助企业扩大资金规模，防止因资金链断裂而难以为继。再次，通过规范的资金管理活动，可以引导企业通过合法有效的手段筹集、利用资金，促进企业健康发展。最后，资金管理活动属于财务管理的一部分，通过制定有效的财务管理制度，可以提高企业整体的管理水平，为企业的长期发展奠定基础。

企业的资金管理活动可以分为筹资活动管理、投资活动管理、经营活动管理三部分。随着现代化管理手段的逐步提高，中小企业资金管理的水平也随之提高，但进步与问题并存，中小企业在资金管理活动方面仍然存在不少问题。

（一）筹资活动中的资金管理问题

首先，融资渠道单一。目前中小企业的筹资主要依赖于商业银行贷款，融资手段单一，而商业银行的贷款手续及审批流程烦琐冗长，无法有效地满足企业资金需要。同时，由于银根紧缩，银行贷款政策收紧，为了获取有限的贷款，企业往往需要投入大量的人力、物力、财力，导致企业融资成本增加，增加企业负担。其次，资本结构安排不合理。中小企业可以通过短期借款、长期借款、发行债券、发行股票等多种方式进行筹资，但不同的筹资方式，其资本成本、财务风险各不相同，部分企业在筹资时，未考虑不同资本结构的组合风险，导致企业财务风险过高，对企业生产经营造成不良影响。最后，缺乏严密的跟踪管理措施。部分中小企业仅关注资金的筹集是否到位，忽略了筹资项目后续的管理，导致企业资金管理失控，支付不必要的罚息，给企业造成损失，甚至影响企业的信用。

（二）投资活动中的资金管理问题

第一，投资风险管理体系不健全。中小企业在投资过程中，缺乏必要的内部控制措施和风险量化指标，无法定性或定量化投资项目本身的固有风险和企业现有风险，新的投资项目进一步加大企业现有风险，对企业的发展产生更大的阻力。

第二，投资决策不力。为了增加企业的利润增长点，很多中小企业在生产经营过程中，选择多元化的发展战略，多方投资，但在投资过程中，忽视了对拟投资项目的调查、分析、可行性研究论证，从而难以制订科学合理的投资计划，最终导致企业资金投入大却收益甚微，甚至出现亏损，影响企业资金链的安全。

第三，投资项目监管措施缺失。在投资活动完成后，企业未对该投资项目的后续运营情况进行有效的监督管理，投资目标无法完成，浪费了企业资源。

（三）经营活动中的资金管理问题

第一，资金利用率低。我国部分中小企业在经营活动的资金管理方面，存在效率低下的问题。生产经营过程中产生的闲散资金，企业未对其进行规划，容易导致大量的资金浪费。同时，由于缺乏合理的销售规划，产品积压，资金回笼速度慢。

第二，资金预算管理不完善。资金预算管理是企业经营活动的重要组成部分，科学的资金预算计划能够帮助企业规避经营风险。目前中小企业普遍存在资金预算管理不完善的情况，首先是未制定预算，导致企业的资金活动缺乏科学性，其次是资金预算管理缺乏专业的流程，导致预算工作流于形式。

第三，企业对资金管理人才不重视。部分中小企业甚至存在“任人唯亲”现象。资金管理人员不具备专业的管理知识及方法，不能根据实际情况对资金进行合理的调配、使用，给企业的生产经营活动带来风险。

伴随我国企业经济发展模式的不断改革和变化，企业资金管理工作的重要性逐步提升。要想在激烈的市场竞争中实现发展，中小企业应高度重视资金管理工作，这既是现代企业制度建设的要求，也是企业自身发展的迫切需要。

四、我国资本市场监管体制存在的问题

以股市为例，我国股市相对于美国股市来说波动较大，投机性更强，投资者缺乏理性，这些都是我国资本市场监管需要解决的问题。我国资本市场与美国资本市场同属集中型监管体制，而美国是资本市场最为发达的国家，具有良好的资本运行环境。因此，笔者将以美国为比较对象，分析我国资本市场监管存在的不足。

1. 资本市场的监管效率不高

美国对资本市场的监管是全方位的。美国证券交易监督委员会负责对整个市场的监管，是资本市场监管的最高权威机构；各类型的行业自律监管组织，负责对本行业进行自律监管；另外，各交易场所也会进行自我监管。这种分工明确、多层次的监管能够有效维护资本市场秩序，提高监管效率。我国对资本市场监管的效率不高。首先是政府监管机构的监管效率欠缺。中国证券监督管理委员会（证监会）是我国最高证券管理权力机关，属于事业法人，其下设到地方的机构受地方政府的影响较大，独立性受影响。其次是未充分发挥自律组织监管的作用。中国证券业协会是我国行业自律组织，但其监管作用并未真正显现，各交易所的监管容易受地方政府的干预。

2. 资本市场的监管法制不健全

美国拥有完备的资本市场监管法律，其中最重要的法律有两部，即 1933 年美国国会通过的《证券法》和 1934 年美国国会发布的《证券交易法》。美国《证券法》建立了公开的信息披露制度，有效遏制了市场投机行为；美国《证券交易法》规范了资本市场中间商的行为，采取限制投机性信贷数量等规定来防止内幕交易获利行为，维

护了公平的资本市场交易环境。此后,美国颁布了一系列的法律法规,明确了公司治理结构、法律责任主体等内容。我国颁布的新《公司法》和《中华人民共和国证券法》(以下简称《证券法》)确定了资本市场监管的基本法律框架体系,此后,证监会等部委也陆续出台了规范市场行为的相关法律法规。但我国资本市场还不成熟,在发展过程中总会碰到一些新问题,现行的法律法规却无法对此进行全面监管,如对上市公司的材料造假、业绩不实等弄虚作假行为不能有效监管。另外,这些法律法规中,有些条款过于粗放,无法解决实际碰到的各类复杂问题,且有很多条款与资本市场发展不相适应。

3.资本市场的行政干预过度

美国是市场经济最为发达的国家,其资本市场监管法律完善,在实施资本市场监管时,主要依靠市场的自我调节,同时自律组织监管也发挥了相当重要的作用,只有在市场出现混乱时,政府才会介入。长期以来,美国都在寻求市场自我调节与政府行政干预的均衡点。总体来看,美国的行政干预是适度有效的,而我国却存在行政干预过度的现象。一方面的原因是我国资本市场仍较为脆弱,外部一个小冲击便会使资本市场发生巨大波动,使得我国不得不采取强势的行政干预。另一方面的原因是我国还未彻底摆脱计划经济体制下的管理惯性,资本市场仍处于国家政策性保护之下,因此资本市场常常随政策等变化而波动。除此之外,我国资本市场法律对政府和市场的边界界定模糊,也导致政府行政干预过度。

4.资本市场信息披露机制不健全

美国自上而下、不同层级的部门都对信息披露作出了规定。美国《证券法》和《证券交易法》建立了基础的信息披露体系,强化了以会计信息为主的信息披露;美国证券交易监督委员会制定了大量详尽的信息披露法规,包括信息披露格式、披露内容等方面的法规要求;各交易所、交易协会也对信息披露制定了相应的规则,确保了各公司披露的信息具有真实性和可比性。我国信息披露的法律法规也较为全面,《证券法》《公司法》《上市公司信息披露管理办法》规定了上市公司信息披露的各项要求，但实际操作中问题仍较多，具体表现有：上市公司不披露或虚假披露财务信息和其他要求披露的信息，信息披露不完整；信息提前泄露或披露不及时，引起股票价格异常波动，造成市场恐慌；没有统一的消息披露平台，容易滋生谣言干扰资本市场运行，等等。

第三节 中小企业资本监管法律失控的后果

市场经济理应是主体自律的经济，监管解决不了市场无序的问题。在某种意义上，中小企业注册资本的普遍虚化堪称市场秩序混乱的“万恶之源”。中小企业资本监管法律失控会引发一系列恶性连锁反应——企业信用降低、市场交易费用上升、市场交易数量下降、银行信贷规模压缩、中小企业融资难、地下钱庄泛滥、民间借贷利率上升、企业投资风险加大，并可能引发许多其他类型的违法犯罪（提供虚假财会报表、金融诈骗、伪造金融票证、变相吸收公众存款及各种幕后交易等）。本节尝试探讨中小企业资本监管法律失控所引发的可能“连锁反应”，但对资本监管法律失控背后的因果分析只限于讨论几个比较直接的后果。

第一部分分析市场交易成本上升，以及相应的交易数量下降，进而导致的市场萎缩；第二部分分析中小企业融资难的现象和原因，资本监管法律失控在其中可谓难辞其咎；中小企业融资困难必然会导致地下金融泛滥，以及由此引发的债务危机等；第三部分讨论中小企业融资困难导致的另一个必然后果——地下金融泛滥的问题。

一、市场交易成本上升

假定某个企业的注册资本是1000万元，其中有40%的资产是无法变现或难以变现的；另假定该企业自设立至今已有3年时间，但企业的经营状况并不清楚，根据众所周知的市场行情，这个行业的年度亏损率不太可能超过10%。如今另一家企业需要决定是否与这家企业做一笔总额为100万元的交易，为了简化讨论，我们假定这笔交易就是放贷，放贷的企业是一家银行。除了上述企业信息，银行决定是否放贷之前还掌握了一个信息，即这家企业还有200万元的债务未偿还。根据这些假定的数据，我们可判断，银行多半会同意以较低（接近无风险）的贷款利率向企业放贷。原因显而易见，扣除无法或难以变现的资产，企业至少在设立时就拥有600万元资产可用以清偿债务，而企业的债务总额只有300万，那么除非企业的年度亏损率超过10%，否则银行放贷就是无风险的。

显然，银行只经过如此简单的计算就决定放贷的情形几乎不可能出现，其原因在于以下两个方面。首先，公司监管制度失控使得银行根本不敢相信这1000万元的注册资本是否货真价实，在资本欺诈行为已经泛滥失控的环境中，企业的注册资本多半不可信；其次，如果企业赖账不还，银行就只能通过诉讼渠道并借助于法院的强制执行来实现债权，但实际情形却是从提起诉讼到强制执行的每一个环节都充满着变数。

上述分析让我们看到，公司资本监管失控的一个直接后果就是市场交易成本上升。尽管学界很多人在讨论资本信用不如资产信用可靠，但却忽略了资本调查要比资产调查成本低廉得多，前者在营业执照上一望而知。如果注册资本是一个可信的数据，那么潜在债权人可以根据一些常识来评估债务风险，但若注册资本不足为凭，潜在债权人就必须在决定是否放贷之前去做成本高昂的调查了。这就必然导致市场交易成本（包括下文将要讨论的企业融资成本）的提升。不仅如此，正如上文的分析所暗示的，公司资本监管法律失控还会给合约履行机制带来更大的压力，当有更多纠纷涌向法院的时候，法院在单位纠纷上投入的资源就只能被迫降低，其结果自然是合约履行机制也会相对弱化，而这反过来又会进一步提升市场的交易成本。

与市场交易成本攀升相伴而生的另一个后果就是市场交易数量下降，原本可以谈成的生意因受阻于交易成本而告吹了，这种情形出现得多了就会导致市场交易萎缩。市场萎缩的一个重要表现是企业客户群体很难拓展，并且往往局限在血缘、亲缘和地缘可以填补信用缺口的范围。市场交易成本攀升还会限制企业的经营规模，较低的资金使用率和财务杠杆率会严重影响企业效益。这种情形会因为下文将要讨论的中小企业融资难而雪上加霜。

为了提高自有资金使用率，企业通常会借助外部融资来扩大经营规模。假定企业试图完成一个需要投资200万元的项目，预期利润率是20%，但企业只有100万元资金，如果融资顺利，企业可以贷款100万元来完成这个项目，假定贷款利率是10%，那么只要企业能够成功完成这个项目，就可以获得30万元的利润。但如果企业没有融资渠道，就会不合理地压缩经营规模，最终只能得到20万元的利润。如果项目本身是不可拆分的，那么企业如果事先考虑到缺少融资渠道，就不得不从一开始就放弃这个项目。

资金链断裂是企业必须面对的一个非常大的经营风险。但只要融资渠道畅通，那么即使资金链发生断裂，也能借助外部融资及时接续。但在企业信息不透明、融资渠道狭窄的条件下，很可能出现的悲剧是，一旦发生资金链断裂，企业“靠山山倒、靠河河干”，搞不好就要关张，任凭企业拥有雄厚的固定资产也枉然。如果企业事先考虑到这种情形，那么企业主很可能一开始就选择减少固定投资的比重，从而不合理地压缩经营规模。

2013年7月30日，国家工商总局（今为市场监管总局）发布《全国内资企业生存时间分析报告》，通过一份“企业生存时间分布表”，展示了21世纪前十几年全国新设立企业和注销企业的生存时间。经过分析数据得出的结论是，企业规模越大，存活期越长。中小企业生存期普遍较短，这固然与2008年金融危机之后企业经营环境恶化有关，但前文分析的因中小企业信用基础薄弱而市场交易成本和企业融资成本太高的因素也起到了推波助澜的作用。

二、中小企业融资难

我国GDP的60%、就业的80%是由民营企业创造的，而90%以上的民营企业是中小企业。中小企业对于我国的经济发展十分重要，但是其融资难的问题一直存在。国家也发现这一问题的重要性，中央于1998年正式提出要“增加向中小企业贷款”。2000年国务院发布《关于鼓励和促进中小企业发展的若干政策意见》，此后开始加强建设中小企业信用担保体系，2003年初正式施行《中华人民共和国中小企业促进法》，以法律的形式为广大中小企业的发展及融资提供强有力的保护和支持，中小企业融资状况得到了一定程度的缓解。不少业内人士指出，虽然深交所推出的一系列针对性举措（例如小额再融资豁免制度）有助于进一步缓解中小企业融资难的问题，但是中小企业融资难一直是一个现实困境，中小企业板的再融资能力亟待加强。

截至2013年底《公司法》修改之前，我国中小企业和非公有制企业数量已超过4200万户，占全国企业总数的99.8%。有目共睹，中小企业作为我国重要的经济主体，在提供就业、繁荣创新和搞活经济等方面发挥着无可替代的重要作用。但其迅速发展的过程中却也处处展现着融资难、贷款难等困境，在全国快速增长的信贷总规模中，给中小企业的贷款增加额度却只占极小的比例，这已经成为制约中小企业发展的瓶颈。中小企业融资难在我国有其特有的复杂性。从我国国情来看，既有中小企业自身的问题，也有体制机制问题。中小企业融资难是个困扰中国经济发展的老问题，学界对这个问题的讨论简直可以说是铺天盖地。归纳起来，原因无非是以下几个方面。

第一，中小企业融资渠道狭窄。直接融资和间接融资是企业最常用的融资方式。所谓直接融资，说白了就是企业从金融机构以外的渠道获得资金，如股票债券和其他金融工具，而不是从银行和其他金融中介机构。间接融资借助金融机构等平台来进行筹资活动，最常见的有银行贷款、融资租赁等。因在证券市场上市的准入门槛过高,上市面临着成本和风险双高,一般中小企业很难进入。用这一现象描述中小企业在债券市场的现状也同等适用,中小企业在债券市场同样不是经纪人的最好选择,同样多处碰壁。因此,对于大多数中小企业来说,这就在很大程度上堵住了直接融资渠道,间接融资特别是通过银行贷款融资因此成为最重要的融资渠道。而中小企业本身规模小,再加上经营变量大、运营风险高和信贷能力低等因素存在,能够在间接融资市场上取得丰厚收获的可以说是寥寥无几。

第二,金融体系存在结构性缺陷。目前我国与中小企业信用相关的评价体系非常分散,工商系统、税务系统、政法系统都有体现,现在市场上的“天眼查”“企查查”等信用查询系统也存在信息更新不及时、数据不深入等情况。总的来说,目前我国尚未建立一套立体的、完善的中小企业信用评估体系,银行根本无法真实有效地对中小企业的信用状况进行评估,无法做到“贷前风险评估,贷后风险控制”。如此一来,银行缺乏考核方向,自然就难以推动贷款工作,造成中小企业融资困难。

第三,中小企业融资成本太高。对中小企业而言,在向银行等金融机构融资时所支付的贷款利息、手续费以及担保费用等就是其最常见的融资成本。很多银行在对中小企业发放贷款时,在保留名义利率的同时还会克扣一定比例的贷款本金。但即使是这样,大多数银行与中小企业的合作意向依旧低,大多是因为中小企业贷款的金额往往并不高且贷款手续较大型企业而言相对复杂,银行方面还认为给中小企业放贷需要承担较大的风险。这迫使中小企业不得不把融资目光投向民间小额信贷,而这些小额信贷的贷款利息往往是央行同期基准利率的几倍之高。这就加大了企业融资成本压力,也是其成本居高不下的原因之一。

第四,中小企业信用基础薄弱。对于中小企业而言,其信用风险主要体现在以下三个方面:①大部分中小企业处于成长期,虽然创新能力比较强,但规模普遍不大,经营状况也十分不稳定。②企业自身的管理不规范，股东之间大多是出于感性的结合，缺乏理性，一旦出现长期亏损或者其他问题，公司则随时会破产。③企业财务管理不规范，甚至大多是找代理记账公司进行记账报税，缺乏专业的管理，财务信息披露不完全、不真实。企业经营管理信息的缺失，使银行很没安全感，甚至会出现银行想放贷也不敢放贷的情况。

在上述四个原因之中，最后一个原因是最根本的，其他原因是衍生性的。

理论上来说，中小企业有多种融资渠道，比如申请政府的资助、通过常规的银行信贷或资本市场获得贷款，以及融资租赁、产业资金以及民间资本等，但实际上，由于证券市场的准入门槛太高，中小企业几乎不可能通过发行股票或债券的方式融资。民间借贷也受到法律的限制，一不留神就会涉嫌非法集资。在种种制约之下，中小企业的融资渠道差不多就只剩下了银行信贷这一条途径。

金融的核心问题是信息不对称，银行必须设法防范因信息不对称而引发的道德风险。只要解决了信息障碍，理论上中小企业就能很容易地获得贷款。风险大并不是问题的核心，因为根据一般商业逻辑，利率是风险的对价，只要利率能够准确反映放贷的风险，银行就有放贷的信心。解决信息不对称问题的最简单方案自然是抵押贷款，只要把可变现的资产抵押给银行，银行就不用花费太多精力评估放贷的风险。但中小企业受规模所限普遍缺少抵押资产，除了房产和地产之外，中小企业几乎没什么可抵押的东西，厂房设备之类的资产即使价值很高银行也不会接受，因为这些资产变现困难而缺少流动性。国务院和央行一直用配额的方式强迫国有银行向中小企业放贷，但这些措施由于和市场规律相悖而遭到各种软抵抗，扶植性信贷政策也因此被扭曲变形。

在这种情况下，信用贷款就成了中小企业获得银行贷款的主要方式。银行信贷对企业信息的要求会更高，银行必须搞清楚企业的偿债能力才有放贷的信心，但问题恰恰出在这里。中小企业的财务混乱、资本欺诈行为以及其他机会主义行为泛滥失控，银行要想掌握中小企业的真实信息，必须进行复杂而谨慎的资信调查，否则不敢放贷。而收集信息、还原报表、再根据报表决定授信额度等工作是十分复杂的，这就导致了中小企业融资成本上升。实践中，中小企业的一笔贷款通常只有几十万元，多则几百万元。如此高昂的资信调查成本分摊到利率中实在太高了，以致中小企业的经营利润在被利息吃掉一部分之后就所剩无几了。

同样的原因也使得国有商业银行对中小企业普遍不感兴趣。近年来，国有商业银行在信贷管理中开始针对大中型企业出台授权、授信制度以及资信评估制度，明显加强了风险管理，很明显这些制度对中小企业并不适合。2016 年最新的《中国人民银行贷款通则》以及《民法典》等法律规定的有关企业抵押担保的要求，也是大多数中小企业难以达到的。由此可见，国有商业银行的经营理念无法满足中小企业的金额小、频率高、时间急等特点的贷款需求，从经济学的角度来说，这反映了国有商业银行因为对中小企业贷款的管理成本无法合理降到一个可行的数值，因而基本不会成为中小企业贷款的合适提供者。另外，地方金融机构的情况也与国有商业银行和目前现有的股份制银行一样，不但数量少而且与国有银行业务处在同一个金融生态位，金融体系中缺乏面向中小企业的区域性和地方性金融机构。

能够解决中小企业融资难问题的，只有小型的金融机构，而且必须是民营的。金融监管部门很早就已经意识到这一点，所以在金融体系的设计上为小额贷款公司（简称“小贷公司”）留出了制度空间。2005 年小贷公司开始在五省（区）启动试点，2008 年在全国范围内进行试点运行，曾经一度获得快速发展。小贷公司放贷的资信调查主要通过信贷员现场考核、编制企业的现金流量表，这项业务是如此烦琐，以致国有银行的员工以合理的人力资源成本根本完成不了。但在近几年，小贷公司的运营状况却持续下滑。2015 年贷款规模首次出现负增长，2016 年不仅负增长加剧，而且小贷公司的数量也开始减少了。真实情况比统计数据反映得更加糟糕,全国接近9000家小贷公司中的大多数已经处于停业或休业的状态。

对于小贷公司的经营状况下滑,经济学家许小年解释说,原因在于金融监管部门限制了小贷公司的杠杆率,而限制杠杆率就等于限制了小贷公司的净资产收益率,小贷公司因此被迫通过提高利率来覆盖风险。而提高利率的结果则是中小企业从小贷公司那里获得的贷款仍然属于"高利贷"。许小年建议,要想让小贷公司真正发挥作用,就必须放宽杠杆率。

但金融监管部门却不这么认为,一旦放开杠杆率,整个金融市场的风险将变得更加难以管控。归根结底,症结还在于中小企业的信用基础实在是脆弱不堪。中小企业之间经常相互提供担保,牵一发而动全身,如果放开小贷公司的杠杆率,一旦某个企业的债务出现风险,就可能引发连带性的债务风险,甚至可能会出现地区性债务危机。以小贷公司的资金实力,根本无力应对。

由于同样的原因,方兴未艾的互联网金融同样解决不了中小企业融资难的问题。为了规避风险,互联网金融宁可选择消费性贷款,也不会向中小企业放贷。因为放贷者非常清楚,要从鱼龙混杂的中小企业中挑选出信用较好的企业实在是太困难了。P2P金融平台也不可能面向中小企业,因为P2P商业模式是利用互联网商业平台的大数据来评估债务人的信用水平,并以此决定授信额度。这个商业模式显然不可能为中小企业提供金融产品。

讨论至此,我们会发现,中小企业融资困难正是企业资本监管法律失控引发的连锁反应中的第一环节。由于资本监管法律失控,中小企业公司的资本欺诈行为以及其他机会主义行为泛滥失控,更重要的是,中小企业提供的财务报表普遍不被信任,导致借贷双方信息严重不对称,金融机构从事资信调查的成本过高,继而导致中小企业融资成本上升。这种状况使得经营环境已经严重恶化的中小企业雪上加霜。

三、地下金融泛滥

我们沿着公司资本监管法律失控的因果链继续追索，越过中小企业融资难之后，就到了又一个环节——地下金融泛滥，这也是中小企业融资难的必然后果。有需求就有供给，如果正规合法的金融机构不能满足中小企业的融资需求，那么地下隐蔽的融资渠道就会乘虚而入，民间借贷成为填补中小企业融资缺口的主要来源。如前文所述，由于中小企业的资金需求期限短，但风险较高，加之资本监管失控导致的信息不对称问题，所以正规金融机构缺乏对中小企业的放贷意愿。民间借贷恰好可化解这些借贷障碍，与正规金融机构相比，民间借贷的优势主要表现在以下两点。

一是民间放贷人有去收集客户经营信息的积极性。正规金融机构面向中小企业放贷，大多是为了达到规定的指标，因而在收集客户信息方面缺乏积极性，并且总是愿意寻求拥有充足资金流、物流或足够价值的抵押物的中小企业作为放贷对象。融资需求最强烈的中小企业却经常存在信息不透明、风险不确定的情形，加之单笔贷款额度较小，资信调查的成本可能会远远超过借贷利差，金融机构无利可图。民间借贷则与之完全不同，放贷人以此为业，自然有动力去主动寻找合适的客户，也会主动通过各种正规或非正规渠道了解客户的资信状况。

二是民间放贷人具有相对较低的搜寻信息的费用。“地下钱庄”的交易范围受制于其非法性质而无法向更大的范围拓展，这一特点看似是其固有的局限性，但是问题都是“一体两面”的，这一劣势从交易费用的角度来说反而为其减少了获取客户信息的成本。正是由于交易半径小，“地下钱庄”的信息获取范围可以精确到客户的爱好、住址、家庭人员组成情况等。温州民间发育出的借贷类型即是基于一定的血缘、亲缘、地缘和业缘关系而发生的交易。由于这一交易特性，此类行为或活动没有固定的场所和公开的交易行为，显得较为隐秘，但又因为交易频繁、交易主体多而呈高度分散性，这使得此类民间借贷在性质上经常处于合法与非法之间的灰色地带。与这一借贷类型相较而言，国有银行由于其交易范围广、市场半径大，在核实客户信息等方面自然要担负明显高昂得多的信息费用。

民间借贷作为地下金融的历史由来已久。早在20世纪20年代中期，浙江省乐清县（今为乐清市）就出现了以“抬会”模式经营的民间融资方式，最多时仅在乐清境内出现大大小小的“抬会”1300多个。从1985年初到1986年底，仅温州九县两区就有30万人卷入“抬会”之中，投入的资金额高达12亿元。到了20世纪80年代末，大量“抬会”由于资金链断裂而出现倒闭潮，难以为继，取而代之的是从事吸收社会存款和发放抵押贷款的典当商行。到了20世纪90年代，江浙地区这种地下融资机构的规模已经相当惊人。

地下金融基本上是高利贷。尽管法律并不禁止民间借贷，但高利贷却一直没有获得法律支持，而面向中小企业的民间借贷，则经常以高利贷的形式出现。地下融资机构的惯用方式是以稍高于同期银行存款利率的方式吸收民间闲散资金，而放贷的利率却会抬高至同期银行贷款利率的4倍以上，最高月息就可达30%。放贷人并不担心法律风险，因为规避法律风险的手法十分简单。借贷双方并不签订借贷合同，借方只写下一张欠条，欠条上也不载明实际利率，而只写明连本带息的总额。有时甚至在交付款项时，就已经扣除利息。利用这种方式，放贷人就无须担心法律风险的问题了。

即使出现债务风险，地下融资机构也很少会借助法院来强制执行。应该看到，凡是地下金融上规模的地区，中小企业的信用也相对发达，踏踏实实做生意的企业必有足够的数量；而在一个“皮包公司”或骗子企业泛滥成灾的地区，地下金融是不可能发展出来的。在防范债务风险方面，信誉机制自然会发挥重要的作用，那些不可能还钱的企业通常也不可能借到钱。亲缘、地缘、业缘等各种关系纽带也强化了信誉机制的功能。这也正是民间借贷在江浙地区最为活跃的原因之一。不可否认，放贷人之所以敢于涉足这个行业，就一定有充足的准备保证借款人不敢赖账。

如果地下金融只是按照上述模式运营，那么，尽管地下融资渠道有许多瑕疵和污点，且处于法律的灰色地带，但总体上仍能形成双赢或多赢的局面，对整个国民经济利大于弊。事实也的确如此，在很长一段时期，地下融资渠道对于促进中小企业的成长发挥了积极作用。甚至可以说，倘若没有活跃的地下融资渠道，民营经济断无可能发展到如今的规模并在国民经济中占有如此重要的地位。但地下金融很难长期良性运转，一旦经济环境发生变化，尤其在多种不利因素的叠加效应下，连锁性的债务危机就会集中爆发。2011年的温州债务危机和同年的鄂尔多斯债务危机就是真实的写照。从2019年2月起，国家严打地下钱庄，以保护金融市场和实体经济。

政策性的银根紧缩是诱发债务危机的导火索。一旦银根收缩，民间借贷的利率就会猛增；央行决定加息及CPI指数上升而导致的极低利差（甚至负利差），则刺激大量民间资本从正规金融机构转入地下融资渠道，诱使许多人用自己的房产做抵押想方设法从银行贷款，从银行获得贷款之后就会转手去放高利贷。民间高利贷越是获利，就会吸引更多的人卷入其中。温州债务危机和鄂尔多斯债务危机爆发之前，高利贷的规模都已经膨胀到了“全民运动”的地步。除了普通百姓和地下融资中介，许多政府官员、担保公司以及银行职员也牵涉其中。

高利贷的盈利前景是如此诱人，以至于中小企业主发现他们辛辛苦苦做实业已经没多大意思了。与其将资金投入企业，倒不如去放高利贷，后者赚钱更加容易。如果大家都去放高利贷，谁去吸纳这些海量资金呢？答案很简单：房地产。民间借贷在温州兴起于制造业，在鄂尔多斯则兴起于煤矿，但两地的民间资金都催生了房地产这个迅猛发展的暴利行业，温州的房价被越炒越高，鄂尔多斯则硬生生炒出一座“鬼城”。“庞大的民间资本，对应的却是相当有限的投资渠道”，温州中小企业发展促进会会长周德文说。最终民间借贷变异为“炒钱游戏”，但这个游戏不会无休无止，在出口受阻等因素影响下，制造业环境持续恶化，最终引发了无数中小企业主“跑路”的债务危机。

总而言之，资本的逐利性特征决定了其流动性，当正式渠道过于单一且获利水平低于由资本供需关系所决定的市场利率水平时，资本将朝着获利水平更高的渠道流动，监管层只有顺时应势地完善相关规则，加强对体外循环资本的实时监管，才能规范民间资本的正常流动，保护资产所有人的合法权益，并以此规范金融市场解决中小企业的融资难问题。

第二章　中小企业资本监管体制与法律制度

第一节　中小企业资本监管体制分类

一、资本市场监管体制

从世界范围来看，各国的资本市场监管体制大体可以分为：政府主导型监管体制、自律型监管体制以及综合型监管体制。之所以采取不同的监管模式，是因为各国之间的历史文化传统、经济制度、市场发育完善程度等都是不尽相同的，不同的选择也势必影响资本市场的发展。资本市场监管体制并不是一成不变的，随着国家经济模式、政治模式等条件的改变，资本市场监管体制也应该随之发展、完善，这样才能够促进证券市场更好发展。

二、政府主导型监管模式

政府主导型监管模式是由政府通过制定专门的管理法律，并设立全国性的监管机构来实现对全国资本市场的统一监管。实行这一类管理模式的国家有中国、美国、日本、加拿大、韩国等。政府主导型监管模式有三个显著特点：一是有系统的资本市场专门法律；二是有专设的权力高度集中的全国性资本市场监管机构；三是对市场违规行为依照有关法律进行处罚。中国的证券监管主要模式是政府主导型监管模式。中国对证券市场的管理有一套完整的法律体系，包括《公司法》《证券法》《证券公司监督管理条例》《证券公司风险处置条例》《证券期货市场诚信监督管理办法》等。

依据《证券法》及有关法规和国务院授权，中国证监会作为国务院证券监督管理机构，统一监督管理全国证券期货市场，维护证券期货市场秩序，保障其合法运行。

中国证监会对证券市场实施监督管理中履行下列职责：依法制定有关证券市场监督管理的规章、规则，并依法行使审批或者核准权；依法对证券的发行、上市、交易、登记、存管、结算进行监督管理；依法对证券发行人、上市公司、证券公司、证券投资基金管理公司、证券服务机构、证券交易所、证券登记结算机构的证券业务活动，进行监督管理；依法制定从事证券业务人员的资格标准和行为准则，并监督实施；依法监督检查证券发行、上市和交易的信息公开情况；依法对证券业协会的活动进行指导和监督；依法对违反证券市场监督管理法律、行政法规的行为进行查处；法律、行政法规规定的其他职责。中国证监会作为国务院证券监督管理机构，可以和其他国家或者地区的证券监督管理机构建立监督管理合作机制，实施跨境监督管理。

政府主导型监管模式有如下两个优点：一是具有专门的法律，使证券市场有法可依，所有活动（包括监管本身）均纳入法治的轨道；二是有一个超脱于市场参与者的监管机构，能公正、客观地发挥监管作用，保护投资者权益。政府主导型监管模式的缺点是，由于证券市场监管涉及面广、技术性强，仅靠监管机构难以有效达成监管目标。此外，由于监管机构与市场保持距离，监管机构有时可能对市场的意外事件反应较慢，处理危机不及时，从而降低监管的效率。

三、自律型监管模式

自律型监管模式是指国家除了某些必要的立法之外，较少干预证券市场，对证券市场的监管主要由证券交易所、投资银行等自律组织进行自我监管。实行自律型监管模式的国家有英国、荷兰、爱尔兰、新加坡等，地区有中国香港等，自律型监管模式有两个显著特点：一是通常没有专门规范证券市场的法律，而是通过一些间接的法律来进行必要的法律调整；二是没有专门的政府性监管机构，而是由证券交易所、自律组织、证券机构实行自我管理。

证券业自律管理制度有广义和狭义之分，狭义的是指法定的自律组织（在我国主要包括证券交易所和证券业协会）的管理权配置、行使权力及履行义务的主体、内容、方式、程序等规定。而广义上的自律主体还包括证券公司、上市公司、证券中介机构、投资者等市场主体，他们为防范证券风险而采取的自我管理、自我控制的措施安排就是广义上的证券业自律管理制度。证券业是一个特殊的行业，与其他行业相比，其风险更具潜在性、传播的快速性和破坏的毁灭性，一旦爆发和扩大，其破坏性可能像多米诺骨牌一样，很难控制。而且可能会影响一国的全局乃至他国。所以对其风险的监管和控制绝对不能局限于个别主体和方式，而应统筹兼顾、多管齐下。另外，要讨论证券业的自律就不能回避自律的对应方他律，国家和社会对证券业的监管，要分析自律和他律之间的关系，才能更好理解和把握自律，服务好整个证券业。所以，笔者认为，证券业自律管理制度的含义有两层：第一，基于特定证券管理理念指导下的证券业监管主体和自律主体的权力（权利）配置及其运行规定；第二，证券业自律组织（主要是证券交易所、证券业协会）各自自律管理权的内涵、外延及配置与协调以及其自律管理的具体方式、方法、步骤等程序的规定的总称。从这个定义我们可以看出，自律管理权是证券业自律管理制度的核心。

自律管理的主要内容有：①市场参与者规定。证券交易所对其成员——经纪商和自营商实行广泛的监督，包括会计监督、财务监督、审计和定期检查。②上市规定。证券交易所规定了批准证券上市和在证券交易所买卖的条件，主要是“批准要求”和“上市协议”两个规定。③持续的信息公开规定。按“上市协议”规定，在证券交易所上市的证券应广泛遵守持续公示规定。

自律型监管模式的优点有三：一是既可提供投资保护，又可发挥市场的创新和竞争意识；二是证券机构参与制定管理规则，不仅使这些规则较国家制定的证券法更有灵活性和效率，而且使监管更符合实际；三是自律组织对现场发生的违规行为能够做出迅速而有效的反应。这种模式的缺点是监管重点常放在保证市场运转和保护会员利益上，对投资者的保障通常不充分。此外，监管者的非超脱性也使监管的公正性难以保证，监管者的权威性不强致使监管手段较弱。

四、综合型监管模式

综合型监管模式是政府主导型监管模式和自律型监管模式相结合的模式，这种模式既有专门性立法和政府监管机构，又设有自律性组织进行自我管理。采用综合型监管模式的国家有德国、意大利、泰国等。

以德国为例，对证券市场的管理实行联邦政府制定和颁布证券法规、各州政府负责实施监管与交易所委员会、证券审批委员会和公职经纪人协会等自律管理相结合的证券管理模式。该模式比较强调行政立法监管，也相当注意证券业者的自律管理。德国对证券业的监管，主要通过地方政府组织实施。但州政府尽可能不采取直接的控制和干预，很大程度上依靠证券市场参与者的自我约束和自律管理。德国有一个比较完整的监管模式，但侧重于强调自律和自愿的方式。目前，世界上大多数实行政府主导型或自律型监管模式的国家开始逐渐向综合型监管模式过渡。

第二节　中小企业资本监管法律制度

一、监管主体间的权限界定

（一）行政监管和自律监管的界限

国际证券市场监管奉行的基本原则是行政监管和自律监管相结合。因为资本市场运营需要“有形的手”和“无形的手”共同发挥作用。“有形的手”即行政干预，是维护市场良好发展的基本保证；“无形的手”即从业者自我管理，是维持市场健康运行的基础。而目前我国行政监管和自律监管的界限越来越模糊。当下需要考虑通过明确的法律规定来区分行政监管和自律监管，以使二者更好地发挥各自的功能优势，以达到监管效果的最优化。通过前面所述，可以看出我国当前证券市场的监管主要是证监会和股转公司发挥作用，而协会的监管职权未能得到有效行使。在此种监管体制下的运行下，为了避免监管的错位，导致资源浪费情形的出现，就需要进一步细化行政监管和自律监管之间的界限，以达到监管效果的最优化。2016年中小挂牌企业迅速增多，此后中小企业板块市场高速发展，而中小企业板块市场现已成为全球首家达到万家挂牌企业的证券交易所，同时，中小企业板块市场主要面向中小高科技创新类企业，这些企业的规模较小，对于较高的监管成本基本难以承受。但由于中小挂牌企业数量多且还有不断增加的趋势，政府要想监管得事无巨细是不现实的，而且中小企业板块作为场外市场的重要组成部分，而场外市场的复杂性和多样性脱离实际，政府干预过多只会使市场没有活力，因此中小企业板块市场的监管应坚持"让市场的归市场"，发挥行业监管的灵活性和弹性。可以通过电子信息化平台，行政监管部门配置一些监管专职人员和自律监管部门配置人员定期网上沟通，以了解两者之间的监管情况，防止出现监管不到位的情况，同时还可以及时解决市场出现的各种新问题，促进市场资源实现"帕累托最优"。

（二）行业自律监管下的股转系统自律监管制度

由于目前中小企业板块市场有关证券业协会自律监管职责的规定比较模糊，而作为法定的自律性组织，证券业协会只能管理其会员，而对中小企业板块的其他参与主体缺乏管理权，更缺乏有效的监管处罚手段，为了使证券业协会的职能得到更好的发挥，《证券法》应立法授权证券业协会最低权限。第一，对违规者采取自律措施，当主办券商违反相关自律性规则时，中国证券业协会有权采取对其罚款、取消推荐挂牌资格等形式的惩罚；第二，对会员公司自律规则的制定权；第三，组织调解或其他方式以解决矛盾。而目前股转公司的监管职能过多，应使股转公司在协会的自律监管下，行使自律监管。另外，还可以通过《证券法》从立法上明确中小企业板块市场的场外市场地位，及股转公司在证监会和证券业协会监管之下的自律监管职能定位，使股转公司更好地发挥其参与市场活动的职能，减少行政监管，真正发挥其作为行业自律组织的灵活性，更好地履行监管的职能，从而进一步促进市场的健康有序发展。

二、市场准入制度

2016年开始监管趋严，主办券商曾被多次采取“约定谈话”或“出具警示函”等自律措施。对于做市商出现的问题，要加强对做市商条件的限制，不仅要具备《证券法》所要求的综合性证券公司的资格，还必须是协会的会员，在这样的情形下，其必须接受证监会和证券业协会的双重监管，从而加强对其做市的约束，防止出现违法违规的现象，同时，其市场能力、诚信状况等各个单项和综合指标，要定期接受特定机构的测评，以全面监管和规范做市商的行为。除此之外，监管机构应制定具体准入标准。首先从主体方面来看，在引入做市商制度时采用推荐做市商制度。其次从业务方面来看，做市商在具备基本做市的业务能力的同时，也需要具有良好的素质，在这方面，笔者认为可以参考境外的一些做法，通过一定的考试制度选拔做市商人才，从而提高做市商从业人员的业务能力。最后，对于从业人员素质的要求不能过于放松，因为做市商本身就对专业度要求较高，在人员选择时必须要求其无违法违规的记录。

目前，中小企业板块市场老生常谈的问题就是证券市场的流动性问题。而做市商制度可以有效缓解流动性难的问题，有助于中小企业供给侧结构性改革的顺利进行。另外，在加强对做市商条件限制的同时，可以增加做市商的数量，一方面在做市商达到硬性条件后可以简化做市商资格申请的程序；另一方面要完善做市商的退出机制，以在市场出现风险时，做市商可以安全地退出，减少不必要的损失。

三、改进中小企业板块市场交易制度

目前，我国中小企业板块市场最主要的交易方式是做市和协议两种方式。随着分层制度的实施，分层后的中小企业在交易制度方面有所改进。基础层仍沿用传统的做市商制度而创新层可以采用混合交易制度下的做市商制度。可以发挥做市商强大的定价功能，通过做市商双向报价使股票的价格趋于合理水平。目前，中小企业板块市场面临的主要困境就是市场中的流动性不足，而做市商制度可以巧妙地缓解流动性不足的问题。传统的做市商制度结合合理的交易制度有助于增加买卖双方的交易效率，提升交易的成交率，有利于提高市场的流动性。美国纳斯达克（NASDAQ，National Association of Securities Dealers Automated Quotation）市场采用的就是混合交易制度中的做市商制度。和传统的做市商制度相比，混合交易制度中的做市商失去了交易中的独占地位，买卖双方在进行交易时无须再通过做市商，可以直接与更具有市场竞争力、更符合自身利益的其他报价方进行交易，同时避免了做市商互相串通、利用信息优势获得更大的利润。我国中小企业板块市场不断扩大，可以借鉴美国在创新层采用的混合交易制度下的做市商制度，但在采用混合交易制度下的做市商制度时也应注意几点：第一，对做市商给予适当的补偿。在混合交易制度下的做市商所获取的利润必然会减少，因为投资者可以相互交易，无须做市商的双向买卖，这就会使做市商的一些收入减少，可以通过减少做市商的税费成本和手续费，对做市商进行适当的优惠，以防止做市商出现做市积极性不高的现象；第二，加强对做市商的监管，提升做市商的整体执业水平。

做市商制度是中小企业板块市场交易制度的重要组成部分，而做市商处于做市商制度的核心地位，加强对做市商的监管对中小企业板块市场的发展有重要的意义。对于做市商责任的追究可以不仅仅局限于一些法律责任的追究，对于违反证券市场强制性规定的做市商可以进行教育，可以从思想上进行纠正，监管机构可以建立有关做市商违反规定的教育体系，再者就违反规定的情况给予相应的惩罚措施。

四、信息披露制度

(一)信息披露责任体系的健全

信息披露的真实性是维护中小企业板块市场稳定的基础,加大打击造假违法违规的力度,加强市场信息披露的要求,保障市场信息披露的真实性等都是监管者的责任。而作为中小企业市场的参与者,挂牌企业、中介机构等都应按照法律法规的要求履行信息披露义务。信息披露注重强调行政和刑事责任,而对于民事责任规定较少。鉴于此,应加大民事责任的规定。在刑事责任的层面上对违反信息披露的行为造成的重大损失入刑已达到威慑的作用,同时还要明确信息披露的责任人及违规信息披露责任人的处罚力度,保证对所有违反信息披露规则的人员给予法律制裁。目前中小企业板块市场的信息披露中,强制性信息披露的内容只有年度报告和半年度报告,对于临时报告采取自愿性披露的原则,对于季度报告则采用自愿披露的方式。对于挂牌企业应以强制披露为主,提高信息披露的强制性要求。对于违反信息披露制度的行为,应当制定严厉的惩罚机制。而现行的监管措施主要是谈话、出具警示函、要求提交书面承诺和非实质性惩罚。监管层应当更加重视监管措施的作用,保障信息披露制度的有效实施。

从前文可以得知,市场信息披露制度主要规定于其他规范性文件和行业协会自律规范中,《证券法》对信息披露准则存在空缺,行政规章《管理办法》中也仅有几条关于信息披露的规范。由于市场有关信息披露的违法责任的规定还不健全,国家可以从宏观的层面规定信息披露的规则,然后对具体的条文进行细化,从而形成较为完整的规则体系,增加监管的威慑力。

(二)分层后信息披露的完善

信息披露制度的完善有利于促进基础层和创新层之间更好地流动,对于创新层和基础层在监管要求和监管措施方面应有所区别,相对应的信息披露制度对创新层和基础层也应依据不同层级的特性和现实情况予以区别。对于创新层来说,应实行更为严厉的信息披露制度，从而有利于稳定市场的金融秩序；对于基础层可以实行较为宽松的信息披露机制，因为基础层的企业通常在盈利能力和资产规模上远远落后于创新层的企业，企业的财务状况和专业水平无法承受严格的信息披露要求和严厉的监管措施。如果对基础层的企业采用和创新层企业同样的监管标准，会给企业带来较大的成本负担，不利于中小企业的长期发展。分层管理办法的分层标准是以财务指标为核心要素的，但是仅仅以财务指标为划分创新层和基础层的要素，不利于高成长性企业的发展。因此，应在分层中重点考察企业的信息披露优劣，从而更合理地区分企业应属的层级。通过对创新层企业和基础层企业差异化的管理，促进不同企业在不同层级下更快速、稳定、健康地发展，同时有利于有不同投资倾向的投资者更高效、准确地了解企业的信息，提高投资者投资决策的效率。

第三章 中小企业资本监管的法律责任及诉讼理论

第一节 中小企业资本监管奖励机制与法律责任机制

一、中小企业监管的奖励机制

经济学和管理学的激励和约束机制，在法律上通常称为奖励与责任机制。当前，许多人有一种误解，认为法律只具有责任追究机制而没有奖励机制，实际上，很早以前就有学者提出奖励应当成为法律后果的一种。尽管对于法律规范逻辑结构的认识，存在“三要素”与“二要素”之争，但是有一点应该说是肯定的，即不能否认其中包含“后果”这一要素；传统理论把“制裁”作为法律规范结构中的一个独立要素，排除“后果”的其他表现形式，这是片面的、不恰当的。法律规范的逻辑结构，包含假定、处理（此二要素或者表述为一定条件下的行为模式）与后果。而后果包括否定式和肯定式两种。否定式后果又包括法律予以一般性否定（即不需要采取具体措施的否定）与法律规定的制裁措施。可见，制裁与奖励是法律后果中的两种具体形式，不能以制裁取代后果而使之成为法律规范结构中的一个独立要素，不能将奖励排斥在法律结构之外，奖励是法律规范结构中“后果”这一要素的肯定式形式。法律中的奖励种类和其他社会规范中的奖励种类有许多相同之处，但法律规范中的奖励的种类相对而言更具稳定性，奖励内容也更为重大。关于规定的奖励也有两种情况，一是法律不规定具体的奖励方式，其方式由奖励的适用机关决定；二是法律规定具体的奖励方式。在经济学和管理学研究中，中小企业资产监管的激励机制主要有短期激励和中长期激励。短期激励是一种将经营者的利益与企业的当期效益相联系，对经营者当期贡献给予回报的激励方式，主要包括年薪制、奖金及其他形式的短期奖励。中长期激励机制：一是奖励股份；二是直接持股，根据经营者的业绩考核情况，以较低价格售给其一定数量的股票，既定时限后才能转让或出售变现；三是实行股票期权制。在实行风险抵押经营基础上，经营者以资产抵押方式，确定在约定时限，以约定的价格购买公司股份的权利。

笔者以褚时健贪污、巨额财产来历不明案为例对上述问题进行讨论。

褚时健，玉溪红塔烟草（集团）原董事长、总裁。任职17年来，他带领全厂职工艰苦创业，把一个名不见经传的小厂发展成亚洲第一、世界第五的现代化烟草企业。全厂固定资产从1978年的1000多万元发展到1996年的70亿元人民币，每年创利税近200亿元。在全国180多个卷烟企业中，玉溪卷烟厂多年保持装备技术水平、出口创汇、税利等七个第一。仅这个厂生产的“红塔山”卷烟的品牌，无形资产就高达332亿元人民币。褚时健在云南这样一个经济较为落后的地区走出了一条“红塔之路”，被国家有关部门和一些专家、学者誉为“中国民族工业的一面旗帜”。因其特殊贡献，褚时健先后获云南省劳动模范、全国劳动模范、全国优秀经营管理者、全国“五一”劳动奖章获得者、全国优秀企业家、全国十位改革风云人物等荣誉称号，多次受到党和国家领导人的接见。

褚时健在为国家做出了巨大贡献、即将退休安度晚年之际却晚节不保。1996年12月28日，褚时健因涉嫌贪污犯罪被检察机关监视居住，1997年7月10日正式被捕。1998年8月6日，检察机关以褚时健犯贪污罪、巨额财产来源不明罪向云南省高级人民法院提起公诉。

法院认为，被告人褚时健、罗以军、乔发科利用职务之便，私分公款355.106 1万美元，其行为均已构成贪污罪，且数额特别巨大，情节特别严重。被告人褚时健在共同犯罪中起决定、组织的作用，系主犯，应对组织、参与的全部犯罪负责，论罪应依法判处死刑。但鉴于其有自首和重大立功表现，以及钱款全部追回，经济损失已被挽回和其他情节，依法应当减轻处罚。被告人褚时健同时犯有巨额财产来源不明罪，依法应当数罪并罚。依照《中华人民共和国刑法》（以下简称《刑法》）第12条、第382条第一款、第383条第一款第一项等条款和全国人大常委会《关于惩治贪污罪贿赂罪的补充规定》第11条第一款之规定，判决如下：

（1）被告人褚时健犯贪污罪，判处无期徒刑，剥夺政治权利终身，并处没收财产人民币20万元；犯巨额财产来源不明罪，判处有期徒刑5年；数罪并罚，判决执行无期徒刑，剥夺政治权利终身，并处没收财产人民币20万元。

（2）被告人褚时健巨额财产中明显超过合法收入的差额部分，价值人民币403万元、港币62万元的财产依法没收。

褚时健一案的发生，与褚时健的贪婪和法律意识淡薄是分不开的。但是在此案发生后，许多学者认为褚时健的犯罪与中小企业经营者报酬偏低有关。有的学者分析指出，在褚时健为国家创造了那么多财富之后，他本人依然享受的是基本工资，个人一年只有五六万元的收入，褚时健也一直向外界保持清廉的形象。可到了59岁要退休的时候，褚时健回过头来心理就不平衡了，于是跟管财务的人串通起来做假账。将褚时健的犯罪归结于报酬偏低导致心理不平衡，导致在褚时健案件出现以后的中小企业资产监管研究中，过分强调激励机制，认为提高公司高级管理人员的报酬作为激励就可以达到治理好公司的目标。在激励理论指引下，高级管理人员的报酬越来越高，人们开始怀疑仅靠激励机制的高报酬能否管理好企业。另一方面，中小企业资产监管法律的制定中，又常常过分强调法律责任追究机制。笔者认为，在中小企业资产监管上应当激励（奖励）机制与约束（责任）机制并存，尤其是在总是强调中小企业资产监管激励机制时，更多的人忽视了中小企业资产中的法律责任。因此，在中小企业资产的监管中，我们除了要按照激励机制给予有关人员相应的待遇外，还要严格中小企业资产监管中的法律责任追究机制，尤其是在转型之中的中国，后者显得更为重要。

二、中小企业资产监管的法律责任

（一）刑法责任

对于中小企业资产监管中的刑事责任主要是由《中华人民共和国刑法》（2021）做出规定。我国现行《刑法》总则第2条就规定了刑法的任务，其中最重要的一项任务是“保护国有财产和劳动群众集体说所有的财产。《刑法》第13条规定：“……侵犯国有财产或者劳动群众集体所有的财产”……依照法律应当受刑罚处罚的，都是犯罪，但情节显著轻微危害不大的，不认为是犯罪。”在《刑法》第30条规定的单位犯罪中，也涵盖了企业的犯罪。《刑法》分则中的大多数章节也涉及了中小企业资产监管中应当追究刑事责任的行为，如《刑法》第165条“非法经营同类营业罪”，《刑法》第166条“为亲友非法牟利罪”，《刑法》第167条“签订、履行合同失职被骗罪”，“刑法”第168条“国有公司、企业、事业单位人员失职罪；国有公司、企业、事业单位滥用职权罪”，“刑法”第169条“徇私舞弊低价折股、出售国有资产罪；背信损害上市公司利益罪”，“刑法”第213到219条中包含对中小企业资本无形资产的保护；第406条“国家机关工作人员签订、履行合同失职被骗罪”，第410条“非法批准征收征用、占用土地罪；非法低价出让国有土地使用权罪等，其中还包括贪污罪、挪用公款罪”。

《刑法》对中小企业资产保护是有一定成效的，但是相对于中小企业资产，《刑法》作为中小企业资产监管犯罪中的控制手段还没有完全发挥。《中华人民共和国公司法》中也对中小企业资产监管中的违法犯罪作了明确规定，在《公司法》第202条中，公司在依法向有关主管部门提供的财务会计报告等材料上作虚假记载或者隐瞒重要事实的，由有关主管部门对直接负责的主管人员和其他直接责任人员处以三万元以上三十万元以下的罚款；第204条，公司在合并、分立、减少注册资本或者进行清算时，不依照本法规定通知或者公告债权人的,由公司登记机关责令改正,对公司处以一万元以上十万元以下的罚款。公司在进行清算时,隐匿财产,对资产负债表或者财产清单作虚假记载或者在未清偿债务前分配公司财产的,由公司登记机关责令改正,对公司处以隐匿财产或者未清偿债务前分配公司财产金额百分之五以上百分之十以下的罚款;对直接负责的主管人员和其他直接责任人员处以一万元以上十万元以下的罚款;第206条,清算组不依照本法规定向公司登记机关报送清算报告,或者报送清算报告隐瞒重要事实或者有重大遗漏的,由公司登记机关责令改正。清算组成员利用职权徇私舞弊、谋取非法收入或者侵占公司财产的,由公司登记机关责令退还公司财产,没收违法所得,并可以处以违法所得一倍以上五倍以下的罚款;第213条,利用公司名义从事危害国家安全、社会公共利益的严重违法行为的,吊销营业执照;第214条,公司违反本法规定,应当承担民事赔偿责任和缴纳罚款、罚金的,其财产不足以支付时,先承担民事赔偿责任;第215条,违反本法规定,构成犯罪的,依法追究刑事责任。

经研究发现,"公司法"出现了"物极必反"的效应。在科学、合理范围内,"公司法"监管及公司效益呈正比例的关系,即公司法力度越大,公司效益越高。但到达某个临界点,就会出现负面效应。超过临界点,"公司法"监管力度越大,公司效益越差。研究结果表明:"公司法"监管对公司效益具有双面效应(积极效应、消极效应)。"公司法"监管在我国没有取得骄人的成绩,并非因为缺乏法律的保护,而是法律自身存在着很多不足之处。在"公司法"执行过程中,不但没有保护好投资者的利益,反而造成公司管理层消极的反抗局面。因此,寻求"公司法"监管与公司管理层之间的平衡点十分重要。在以往的工作中总结出完善公司法的建设性对策,主要从以下几点做起。首先,"公司法"中应增强对管理层的保护;而后,将"商业判断规则"引入,对某些案件科学处理,豁免某些管理层的责任。其次,为加强管理层的积极性,可制定相关的责任保险章程。最后,通过设立专门的仲裁机构,用以处理公司管理层及投资者之间的利益纠纷等问题。其次是针对中小企业资产监管中的贪利犯罪，从《刑法》的本意来说，应当将该非法所得利益予以剥夺，但是，在上面所列的犯罪中，除了《刑法》第165条“非法经营同类营业罪”、刑法第166条为“亲友非法牟利罪”规定了单处或并处罚金外，其他各罪都只规定了主刑，没有规定附加刑。这样就造成违反中小企业资产监管的行为并没有在经济上受到损失，不利于中小企业资产的依法监管。

要严格依法监管中小企业资产，首先是要对监管中小企业资产渎职罪中的刑事处罚予以细化。全国人大及人大常委会要及时针对中小企业资产监管中的形势做出对刑法条文的立法解释，最高人民检察院、最高人民法院也要结合中小企业资产监管中存在的问题，及时统一追究刑事责任的标准，防止量刑尺度的不统一。其次针对中小企业资产监管中的犯罪行为，要通过立法的手段规定罚金和没收财产的附加刑，使犯罪分子在经济上不能得到利益，并得到应有的惩罚。

（二）行政责任

我国中小企业资产监管中行政法规、地方性法规、部门规章等规范性文件众多，这些行政法规大多规定了相应的行政责任，但是，我国行政责任的追究存在一些问题。首先由于有的法规、规章颁布得较早，而且力度不够，已经完全不能适应现在的经济形势。其次是行政性法规、地方性法规和规章之间有冲突，这样的法规冲突使中小企业资产监管难度加大。为加强中小企业发展专项资金管理，充分发挥该项资金在引导促进中小企业发展方面的绩效，根据国家有关法律法规及预算管理要求，财政部修订并印发《中小企业发展专项资金管理办法》。专项资金的支持范围包括：支持中小企业提升创新能力及专业化水平，优化创新创业环境；支持完善中小企业公共服务体系，促进中小企业开展合作交流；支持中小企业融资服务体系建设，促进中小企业融资；其他促进中小企业发展的工作。《中小企业发展专项资金管理办法》第4条规定专项资金由财政部归口管理，有关中央主管部门、地方财政部门和同级有关主管部门按职责分工共同做好专项资金有关管理工作。财政部负责明确年度专项资金额度，会同中央有关主管部门确定专项资金支出方向、支持方式及支持标准；根据中央主管部门报送的材料及资金安排建议，按程序下达预算、绩效目标并拨付资金；组织开展预算绩效管理和监管工作；中央主管部门负责牵头组织申报资金，审核资金申报主体报送的材料和数据；向财政部及时提供资金需求测算方案、资金安排及绩效目标建议；加强业务指导及绩效管理，督促有关方面做好专项资金支持政策实施工作；地方财政部门与同级有关主管部门根据地方职责分工，负责资金申请，明确具体绩效目标，组织实施专项资金支持政策相关工作，并进行监督和全过程绩效管理；资金申报、使用单位承担资金真实申报、合规使用和有效管理的主体责任，负责直接受理资金申报材料的主管部门承担资金申报审核、资金使用监督的直接责任。

《中华人民共和国公司法》规定公司的发起人、股东虚假出资，未交付或者未按期交付作为出资的货币或者非货币财产的，由公司登记机关责令改正，处以虚假出资金额百分之五以上百分之十五以下的罚款；公司的发起人、股东在公司成立后，抽逃其出资的，由公司登记机关责令改正，处以所抽逃出资金额百分之五以上百分之十五以下的罚款；公司违反本法规定，在法定的会计账簿以外另立会计账簿的，由县级以上人民政府财政部门责令改正，处以五万元以上五十万元以下的罚款；公司在依法向有关主管部门提供的财务会计报告等材料上作虚假记载或者隐瞒重要事实的，由有关主管部门对直接负责的主管人员和其他直接责任人员处以三万元以上三十万元以下的罚款。

（三）民事责任

侵犯中小企业资产的行为依其实施主体不同，可分为一般侵权主体和特殊侵权主体。一般侵权是指不负有中小企业资产管理职责的人员或单位侵犯中小企业资产而造成损害的行为。对于这种行为，可以适用一般民事责任的构成要件。特殊侵权是指职务侵权损害行为，指中小企业资产管理人员在执行职务时侵犯中小企业资产并造成损害的违法行为。特殊侵权行为的构成条件是：①职务侵权行为的主体必须是负有中小企业资产管理职责的人，包括各级中小企业资产管理机关的工作人员、中小企业资产经营机构的工作人员、中小企业资产经营机构派出的董事、经理、清算组成员、社会中介机构的人员等。职务侵权行为的主体只能是自然人，不能是国家机关和中小企业，因为由国家机关及中小企业来赔偿国家损失不仅没有任何意义，也达不到制裁失职、渎职行为人的作用。②职务侵权行为必须发生在执行职务之中。③行为必须是违反了执行职务应当注意的义务，中小企业资产管理人员主观上有过错，是承担民事责任的必要条件。④行为必须侵犯了中小企业资产的合法权益并有损害后果。中小企业资产的民商法保护还包括债权的保护方法，对债权的保护可以通过《中华人民共和国民法典》（以下简称《民法典》）的“第三编合同”相关规定予以追究。侵害中小企业资产的人员在民事上承担责任的主要方式有：（一）停止侵害；（二）排除妨碍；（三）消除危险；（四）返还财产；（五）恢复原状；（六）修理、重作、更换；（七）赔偿损失；（八）支付违约等。

从法律层面来说，对中小企业资产的监管。应该说中小企业资产的监管是一种非常复杂的社会现象，原因有违法，也有犯罪。理论上说，对于犯罪行为，司法机关可以根据现行法律追究行为人的刑事责任、检察机关依法对其提起公诉；对于违反行政法律、法规的，可以通过政府部门予以解决，追究当事人的行政责任。中小企业资产也有一个所有权，而对所有权的保护最有效的方式是民法保护，可不幸的是我国中小企业资产保护中恰好缺少的就是对造成中小企业资产流失的人员追究民事责任，这不得不说是中小企业资产保护中存在的一大法律漏洞。

三、强化对公司高级管理人员民事责任的追究

(一)中小企业高级管理人员承担民事责任的原因

在中小企业资产监管中,除了通过对一般人员违反中小企业资产监管法律追究民事责任外,还要强化对中小企业高级管理人员的民事责任追究来保护中小企业资产。中小企业高级管理人员(如董事)在中小企业资产中承担相应的民事责任,主要原因是他们在中小企业资产管理中违背了自己的义务,导致了中小企业资产的损失。一般认为董事等高级管理人员在公司中主要负有注意义务和忠实义务。

首先是注意义务,董事的注意义务,是英美法系和大陆法系公司法共同规定的董事必须履行的一项具体的积极义务,但表述不尽相同。英美法系表述为“注意义务”,大陆法系则表述为“善良管理人的注意义务”,我国有学者表述为“善管义务”。董事与公司间存在的委任或信托关系要求董事的善尽注意、绝对忠诚和股东的高度信赖。注意义务要求董事像普通谨慎人在相似的情况下给予合理的注意一样,机智慎重地管理公司事务。所谓“合理的注意”是依董事个人的知识和经验以及公司的性质和内部分工、公司章程等因素而言,董事在处理公司事务上所应给予的注意程度只需要相当于一个同样有其学识及经验的人处理自己事务上的同样注意程度。注意义务是法律规定行为人应尽到对他人的合理的注意,如果行为人虽已注意到自己的行为会涉及他人利益,但注意力不集中、注意的对象不全面或应尽特别注意而只尽到一般注意,并由此造成对他人的损害,就构成对注意义务的违反。董事应当“以其有理由认为是符合公司最高利益的方式,并以一位处于同样地位和类似环境的普通智者处世的谨慎态度,来履行其作为董事的职责”。从美国《标准公司法》和其他州公司法的规定看,注意程度的认定应当包括如下三方面的内容:第一,行为的善意性;第二,以处于相似地位的普通谨慎人为衡量标准,在相同或相似情况下所应尽到的

注意义务;第三,对公司利益的影响,应以合理的、对公司利益增值最有利的方式行事。对公司最为有利的方式来自善意行为人自己的判断,只要他合理地相信其行为对公司最为有利并且并不违反普通人在相同或近似的情况下所为的判断或所尽的注意。

其次是忠实义务,在英美法系中被称为信任义务。董事的忠实义务包含两项内容:一是对公司的诚实和善意义务,二是不使自己的义务与个人私利发生冲突。忠实义务实际上是一项道德义务,是诚实信用原则在公司法上的重要体现。根据这一义务,董事必须在为公司工作时尽职尽责、忠于公司的利益,要像管理自己的事务一样去管理公司事务。最重要的是当个人利益与公司利益发生冲突时,必须让位于公司利益。普通法系国家一般认为董事的忠实义务被包含于董事的受信托义务中,英国公司法专家高尔教授认为忠实义务包括以下四个方面的内容:一是董事负有自信是对公司最有利而善意作为的义务;二是董事负有依其被赋予的特定目的行使权利的义务,使其诚实地自信特定目的之外的目的对公司最为有利,也不得超越特定目的而行使权利;三是董事在符合上述两方面条件的情况下行使权利时,其拥有不受拘束的自由裁量权;四是即使符合上述三个方面的情况,但董事未经公司的同意亦不得将自己置身于自己义务与自己利益相冲突的地位。我国中小企业资产监管中,中小企业由于存在严重的"内部人"控制现象,中小公司董事等高级管理人员很少履行上述两种义务,因此通过对董事民事责任制度的设计来促使其履行自己的义务,对保证中小企业资产的安全有着重要的意义。

(二)承担民事责任应当具备的构成要件

我国新修改的《公司法》第148条、149条、150条、151条虽然也规定了公司高级管理人员承担民事责任的情形,但是并没有具体细化。因此,中小企业资产监管中追究公司高级管理人员的民事责任应当具体细化,我们认为,这些高级管理人员的民事责任承担应当具备以下四个构成要件:

(1)存在董事违反义务的行为;

(2)董事的过失可以推定;

(3)董事的行为与损害后果之间有因果关系;

(4)不属于董事免责的范畴。

在确定董事民事责任的归责原则上,应当采用推定过失,举证责任由董事来承担。若董事不能证明他尽了义务,则推定其有过失。由于我国没有对股东"知情权"等股东了解公司经营状况的权利的全面规定,也没有相关辅助措施帮助股东在需要的时候获得公司的资料,这些辅助措施如法国法律规定"拥有公司1/10份额的股东可以请求法院对公司的经营进行特别审查",股东与董事之间的信息严重不对称,加上股权分散,一般股份公司的股东很少了解到公司经营的具体情况,让他们承担举证责任并不现实。若要实现董事民事责任制度,目前可行的是将举证责任转移到董事身上。董事若能证明他没有违反义务即可免责,否则须承担民事责任。在确定董事民事责任时,对待损害的态度各国有不同的做法。我国不宜把损害作为一个判断董事民事责任的必要条件。原因在于董事因承担的义务类别不同,有些义务一旦被违反就应当追究相应的责任。此外,损害本身就是一个较难确定的概念。到底是以现实产生的损害还是产生损害的威胁为判断标准,公司的间接损害,如未来可得利益等是否属于损害的范畴尚无定论。若仅以公司的直接现实的损害作为判断董事民事责任的构成要件之一,则董事的民事责任是很难确立的。若将间接损害也计算在内,对董事未免过苛,也就没有董事愿意冒商业风险了。在董事的民事责任中不宜将损害作为一个统一的构成要件,应留给法院在具体案例时自由裁量。能够确定的一点是董事责任适用因果关系要件。对于董事的免责我国《公司法》应当规定相应的程序。对董事的免责应当由持有公司股份的特定股东提起,经股东大会决议通过而免责。若部分股东对董事免责的股东会决议有异议,则由法院来决定董事是否免责。但公司不能事先在章程中规定对董事的免责事由,避免公司的大股东利用免责事由而侵害其他股东的利益。

(三)承担民事责任的内容

从我国中小企业资产监管实际出发,董事、监事、经理等高级管理人员违反义务对公司承担民事责任的内容主要是财产性的,具体种类如下:

1.将违法侵占的财产或机会归还给公司

此种责任只适用于董事违反忠实义务和其他制定法义务场合,具体情形有:侵占公司财产;侵占公司机会,董事经理报酬等。

2.将违法所得返还给公司

本责任适用于:违法与公司竞业;自我交易;为公司股东或其他个人提供担保而获有私利;侵占公司机会而获利;挪用公司资金或将公司资金借贷给他人而获有个人收入;收受贿赂。

3.损害赔偿

针对董事、监事、高级管理人员执行公司职务时违反法律、行政法规或者公司章程的规定,给中小企业资产造成损失的,应当承担赔偿责任。这种赔偿可以是公司的实际损失,也包含中小企业可预计的收益等。

第二节 通过诉讼程序推进中小企业资本监管

在中小企业的资产监管中,虽然追究法律责任可以通过多种方式进行,但正如我们之前分析的,追究法律责任通常会出现不到位的现象。出现这种情况,需要我们超越传统的途径去追究相关人员的法律责任,因为传统中小企业资产监管中的责任追究主要通过国家设立中小企业的资产监管机构进行,但这种责任追究制度剥夺了广大社会公众对中小企业资产监管的公共权利。因为法治的本质是民治。立法者要提供广泛和切实可行的途径和渠道，让人民积极主动地参与到法律执行、法律监督中来。在中小企业资产监管中同样如此，可通过中小企业资产监管中的派生诉讼和公益诉讼制度的构建达到监管中小企业资产的目的。这些制度的建立可以弥补责任追究机制的不足，使中小企业资产得到更好、更及时的保护。

一、中小企业资产监管中股东派生诉讼制度的完善

在我国绝大多数上市公司中，国有股股东占据着绝对控股优势。根据《上市公司章程指引》的规定，股东大会决议分为普通决议和特别决议。普通决议只需要出席股东大会股东所代表表决权的半数以上通过即可，只有特别决议才需要2/3以上的表决权通过。选举和更换董事属于普通决议，只要半数以上的表决权就可以通过。因此，在现行非累计投票制度下，拥有50%以上的股份就意味着可以控制全部董事的选举，进而完全控制上市公司的经营管理。这就是说，中国上市公司国有股股东可以操纵公司的一切，董事、监事会由国有股股东一"人"委派。与此同时，由于存在中小企业资产所有者缺位现象，公司在一定程度上为内部人所控制，董事、监事等高级管理人员掌控了公司。为了改变这种局面，加强中小企业资产监管的力度，应当完善我国中小企业中的股东派生诉讼制度。

（一）中小企业资产监管中派生诉讼制度的适用

股东派生诉讼又称为股东代表诉讼或第二级诉讼。它指的是当公司的权利受到损害，而应该代表公司行使诉讼权的公司机关拒绝或怠于行使诉讼权利时，公司股东可以代位公司进行诉讼的法律制度。股东派生诉讼制度，是世界各主要市场经济国家公司法所规定的一项重要制度。从股东派生诉讼的概念来看，在股东派生诉讼中股东是代替公司的位置而提起诉讼的，但它与股东直接诉讼、合同法中的债权人代位诉讼及民事诉讼法上的代表诉讼有着本质的区别。作为完善公司治理结构的一种衡平性诉讼机制，股东派生诉讼通常以经营层为被告，也在表现形式上构成了对公司

经营层能动性的否定。但股东派生诉讼并非妨碍公司经营层发挥能动性的破坏性机制，股东派生诉讼仍应以尊重公司经营层的独立自主为宗旨，只有公司经营层将其对公司事务的决策权异化为追求私利的保护伞时，才有适用之必要。

我国现行《公司法》确立了派生诉讼制度。《公司法》第152条规定："董事、高级管理人员有本法第150条规定的情形的，有限责任公司的股东、股份有限公司连续一百八十日以上单独或者合计持有公司百分之一以上股份的股东，可以书面请求监事会或者不设监事会的有限责任公司的监事向人民法院提起诉讼；监事有本法第150条规定的情形的，前述股东可以书面请求董事会或者不设董事会的有限责任公司的执行董事向人民法院提起诉讼。监事会、不设监事会的有限责任公司的监事，或者董事会、执行董事收到前款规定的股东书面请求后拒绝提起诉讼，或者自收到请求之日起三十日内未提起诉讼，或者情况紧急、不立即提起诉讼将会使公司利益受到难以弥补的损害的，前款规定的股东有权为了公司的利益以自己的名义直接向人民法院提起诉讼。他人侵犯公司合法权益，给公司造成损失的，本条第一款规定的股东可以依照前两款的规定向人民法院提起诉讼。"

但是我国股东派生诉讼也存在一些问题，不利于中小企业资产的管理。首先，在派生诉讼的可诉行为确定方面，对注意义务和忠实义务的规定都不完备，义务的衡量标准不明确。《公司法》第148条规定欠缺对注意义务的能力确定标准、注意程度标准以及免责标准的规定。[①]虽然对违反忠实义务的具体表现做出了较为全面的列举，但由于缺乏概括性的一般衡量标准，不符合法律开放性和稳定性的特点，无法满足未来新情况出现的需要。其次是在原告的补偿请求权方面没有规定清楚，高额的费用可能使股东对此望而却步。该规定往往会流于形式，起不到应有的作用，达不到立法者的立法目的。最后是在前置程序中"情况紧急"的含义不明，尤其是在中小

①(美)V. 奥斯特罗姆，D. 菲尼，H. 皮希特. 制度分析与发展的反思[M]. 王诚，等，译. 北京：商务印书馆，1992.

企业资产保护中，这种前置程序有时导致了中小企业资产不能得到及时的保护。

（二）完善中小企业资产监管中的派生诉讼制度

将派生诉讼广泛适用于中小企业资产监管中，尤其是适用于控股公司中，对中小企业资产的保护有很大的促进作用，但是为了在中小企业资产监管中发挥股东派生诉讼的作用，应当对派生诉讼制度进行完善。

首先，明确注意义务和忠实义务的衡量标准。对于注意义务，采用客观标准衡量义务主体的能力状况，即以履行同样职能的主体应具有的一般知识、技能和经验来判断义务主体的能力状况；采取重大过失标准衡量注意程度，即义务主体在履行职责过程中非因故意或重大过失不构成注意义务的违反；并且借鉴美国的经营判断规则，免除公司经营人员基于正当的商业判断而损害公司利益的责任，鼓励经营者大胆经营。对于忠实义务要通过主观的“合理目的”和客观的“合理行为”来从整体上衡量义务的履行程度，即义务主体应将最大限度地增进公司利益作为衡量自己执行职务的标准；还应尽量避免个人利益与公司利益发生冲突，一旦产生冲突，则以公司利益为先，不得以其优势地位为自己或有利害关系的第三人谋取不当利益。明确公司内部人员违反法定义务的具体表现形式。违反注意义务主要体现为：义务主体消极的不作为，即不积极主动了解有关公司行为的情况，不参与对公司事务和行为的监督，不参与公司的经营和管理等；义务主体严重玩忽职守，即义务主体不谨慎地履行职务；欠缺经营者的应有技能，即经营者不具备履行同样职能之人的一般知识、技能和经验。违反忠实义务的表现形式不仅包括利用职权收受贿赂或其他非法收入、侵占公司财产、不当自我交易、篡夺公司机会、竞业禁止的违反、泄露公司秘密，还包括不当确定经营人员的报酬等。

其次，为了鼓励中小企业资产监管中的派生诉讼，从经济上不让提起诉讼的人受到损失，应当改变原告胜诉后，被告诉讼费用仅限于案件受理费及其他诉讼费用支出的局面，应当由收益的单位给予一定的补偿，因为在诉讼中，原告还有可能支出如差旅费、食宿费等费用。

最后，明确中小企业资产监管派生诉讼制度中“紧急情况”的规定，可以考虑下列几种情况，不经过前置程序，小股东可以直接向法院起诉：①因等待法定期限可能给公司造成不可弥补的损失的；②原告股东有证据证实董事会与监事会相互勾结的；③在等待期限内，侵害公司利益的人有隐匿或转移财产等隐蔽其违法行为的；④侵害人为监事会成员，未设监事会的；侵害人为董事会成员，且其否认过错行为发生的；⑤董事们在所诉过错行为人控制之下的；⑥法律规定的其他情形。

二、中小企业资产监管中公益诉讼的制度构建

公益诉讼又被称为罚金诉讼、民众诉讼。意大利罗马法学家彼德罗·彭梵得指出：“人们称那些维护公共利益而设置的罚金诉讼为民众诉讼，任何市民均有权提起它。受到非法行为损害（即使只是私人利益受损）的人或被公认较为适宜起诉的人具有优先权。”[①]

中小企业资产公益诉讼是指任何组织和个人都可以根据法律法规的授权，对在中小企业资产监管中违反法律，侵犯国家利益、社会公共利益的行为，有权向法院起诉，由法院追究违法者法律责任的活动。[②]如何发挥广大人民群众在我国中小企业资产监管中的作用，使中小企业资产监管走上良性发展的轨道，是中小企业资产监管体制改革努力的方向，而中小企业资产监管的公益诉讼制度是解决这个问题的一个良好途径。实际上，在我国中小企业资产监管公益诉讼具体制度出台之前，就已经有一些组织与个人在运用公益诉讼，为保护中小企业资产而努力。

---

①（美）V. 奥斯特罗姆，D. 菲尼，H. 皮希特．，制度分析与发展的反思[M]. 王诚，等，译．北京：商务印书馆，1992.

②吕琮琮．我国商业银行促进中小企业信贷业务困境研究——基于渣打银行经验[D]. 南昌：江西财经大学，2018.

(一)我国中小企业资产监管需要建立公益诉讼制度

公益诉讼早就存在,只是一直以来没有引起我国学者的重视。早在古罗马程式诉讼中,就有私益诉讼和公益诉讼之分,前者乃是保护个人所有权利的诉讼,仅特定人才可提起;后者乃保护社会公共利益的诉讼,除法律有特别规定者外,凡市民均可提起。现代法关于公共利益的保护,由国务院代表国家履行。古罗马的政权机构,远远没有近代这样健全和周密,仅依靠官吏的力量来维护公共利益是不够的,故授权市民代表社会集体直接起诉,以补救其不足。公诉分为市民公诉和大法官公诉。前者由民法所规定,被告所付的罚金归国库,但起诉者可以得到一定的奖金。后者为大法官法等谕令所规定,被告所付的罚金,归起诉者所得。如果对同一案件有熟人起诉,则由法官选择一人为原告。

对于中小企业资产的公益诉讼,美国早在1863年就有了类似的规定,为了制止私人企业欺骗北方的联邦军,时任美国总统林肯发布了《反欺骗政府法》。从20世纪80年代初期开始,爱荷华州的美国国会参议院查理·格拉斯力着手对私人军工企业以欺骗政府手段获得政府合同进行调查,在无法找到有效法律手段后,他转向一条古老的法律Quitam,拉丁文的意思是个人以皇帝的名义进行公诉。英文Quitam是指要求取得罚金的起诉,此项罚金依法应由起诉人与公家分得。格拉斯力于1986年对1863年发布的《反欺骗政府法》再次进行修正,得到国会、司法部的支持,使该法于1986年10月由里根总统签署生效。该法内容很简单,它主要规定任何个人或公司在发现有人欺骗美国政府,索取钱财后,有权以美国政府的名义控告违法的乙方,并在胜诉之后分享一部分罚金。该法的适用范围极其广泛,除军工企业外,其他凡与政府有财务关系的私人团体都受其限制。《反政府欺骗法》的实际意义体现在三个方面:首先,个人原告有权公诉。个人原告须将起诉书密封后送交美国司法部,该部在收到起诉书60天之内必须做出是否参与并做主要原告的决定。如果司法部参与,个人原告仍是原告之一,有权获得所起诉的有关材料,并且有权要求法庭对庭外调解举行听证会。其次,诉败的被告将处以三倍于实际损失的罚金,并负担合理的律师费及起诉费用。个人原告有权从被告罚金中提取15%~30%的金额作为奖励。最后,凡雇员公诉雇主,雇主不得因此以任何方式,包括解雇进行报复,违者处以重罚。

我国中小企业资产监管中,现在监督的主要渠道是政府的中小企业资产监管机构。而人民检察院、人民法院、审计机构虽然也可以参与监督,但基本上是事后监督,事后监督对于中小企业资产流失有一定作用,但是不如事先监督这样明显。在所有的监督制度设计中,设计者把真正的中小企业资产所有者的监督给遗忘了,中小企业的所有者面对自己的财产无法采取直接监督的手段来维护,而依照现有的部门法,中小企业的所有者只能采取举报、控告等方法来间接监督。

中小企业资产监管中存在的问题需要用多种方式来解决,建立中小企业资产公益诉讼是比较好的方式之一。其一,建立中小企业资产公益诉讼是公益诉讼制度,中小企业的所有者可以通过这种方式来弥补中小企业资产监管产权主体缺位和监督渠道狭窄这样的问题。其二,建立中小企业资产监管公益诉讼制度可以使中小企业资产高级管理人员的行为得到控制,在公益诉讼之下,可以事先和事后追究管理人员的责任,防止其内部人控制。[①]对于法定的中小企业资产监管机构不履行自己的职权或者违法履行自己的职权,同样可以通过中小企业资产公益诉讼加以解决。其三,中小企业资产公益诉讼制度的建立必然要求中小企业资产监管信息公开,如果监管机构或者管理者拒绝公开这类信息,也可以就此提起诉讼,追究相关人员的法律责任。当然,建立中小企业资产监管公益诉讼制度只是加强中小企业资产监管的措施之一,但如果不建立公益诉讼制度,中小企业资产监管中的这些问题会更加严重,更加难以解决。

①杨琦. 我国中小企业技术创新对经济增长的贡献研究[D]. 北京:国际关系学院,2019.

(二)建立中小企业资产公益诉讼的理论依据

1.中小企业资产公益诉讼制度政治学分析

(1)是社会主义制度的应有之意。

我国是社会主义国家,人民主权是社会主义国家的应有含义。《宪法》明确规定,我国是人民民主专政的国家,中华人民共和国一切权力属于人民,人民以民主的形式参与国家的管理。政府的权力来自人民,政府的建立和权力的行使就应当征询人民的同意。这种理论在我国的具体表现主要是人民群众在普选的基础上选举人民代表大会代表,人民代表大会通过选举产生政府和国家领导人,这些机构和国家工作人员应当为选出自己的人民群众服务。第二种行使参政权利的方式是人民群众通过对自身权利或他人权利的维护参与国家政治进程,这种参与方式就是民主,民主制度的建立能够让人民群众确实感觉到自己是国家的主人。作为执政党,中国共产党应主动地保证这种制度的落实,做到真正为人民群众服务。人民是社会和国家的主人,享有管理国家事务,管理社会事务的民主权利。党领导的核心内容是组织人民参与国家事务和社会事务,成为国家的主人。因此,作为中小企业的所有者,其就应当对中小企业的资产具有监管的权力,这种监管的权力可以通过不同的方式表达出来,通过诉讼的途径对中小企业资产进行监管就是人民主权理论的体现之一。因为一个灵敏的、有效的权力监控机制,不仅具有事先的教育、防范功能,而且具有事中的矫正功能,即能够对正在偏离正轨的权力行为予以及时的矫正和补救。当权力监控机制的教育、警戒、震慑等功能被一些公职人员冲破,权力错位现象正在发生或已经发生时,作为比较完善和灵敏的权力监控机制就会及时做出相应的反应,并按照预定的程序及时进行补救和调整。权力监控的矫正功能是非常重要的功能,它是保障功能、防范功能和教育功能的基础。权力监控功能机制如果没有对错位的权力进行矫正,那么,它就不可能很好地保障国家政权的正位,也不可能有效地保障各级公共权力的正确行使。中小企业资产公益诉讼具有事中的矫正功能。当有关国家机关不依法履行职责时，任何组织和个人都可以依法起诉违法行为，由人民法院进行审判。这样就可以使执法不严、违法不究的问题得到及时补救，从而有效地保证公共权力的正确行使。[①]

(2)是政治文明的体现。

在《关于现代国家的著作的计划草稿》中，马克思曾经计划就“集权制和政治文明”作专题理论阐述。此后，马克思主义经典作家虽然没有直接使用这个概念，但在他们的论述中具有很多关于政治文明的思想观点。原始社会末期国家的出现，是政治文明的起始标志。国家作为阶级统治的工具，在统治阶级内部实行民主，并合法地压迫着被统治阶级，正如恩格斯所言，国家使得政治统治有了“‘秩序’的范围”，通过缓和冲突，使“互相冲突的阶级，不致在无谓的斗争中把自己和社会消灭”。在这一过程中，一个国家不仅需要总结自身的实践经验和理论成果，而且需要借鉴人类政治文明的积极成果。

政治文明是由国家构成的社会活动的产物，最终是以社会生产为基础的，政治文明的形成受到一定阶级关系的决定性影响。政治文明的内容包括国家政治制度、法律制度和民主制度等各方面。[②]政治、法律、民主制度三者彼此联系、相互沟通、协调发展，构成了政治文明的统一体。其中国家政治制度是政治文明的核心。政治文明及其表现为：①最大限度发挥人们的政治积极性，使更多的人能够参与国家政治生活。②为实现共同的政治目标，人们有充分的机会表达自己的意见和倡议。③在维护公共秩序中，最大限度地保护人民的正当权利，使绝大多数人能够精神愉快，心情舒畅。④在政治生活中，人们尤其是政治领导者表现出良好的政治品德，自觉维护人民的利益，严格遵守公共道德和规范。政治文明是社会文明的

①谭伟，陈雄根，漆思剑．国有资产公益诉讼的理论与规则[J]，广西师范大学学报(哲学社会科学版)，2009(4)：5-8.

②(美)吉奥加卡波罗斯．法律经济学的原理与方法[M]．许峰，翟新辉，译．上海：复旦大学出版社，2014.

主要部分,它在很大程度上反映了整个国家的文明水平,也是人类社会文明的主要标志。政治文明是物质文明和精神文明及整个社会文明系统的主导和保证,促进生产力发展。政治文明的进步又是精神文明发展的决定性因素,它决定着精神文明的性质和发展方向。

政治文明是个历史发展过程,随着人类社会的发展,它的程度不断提高。中共十六大提出建设社会主义政治文明是政治文明发展的又一次质的飞跃。中小企业资产公益诉讼的制度设计符合建设社会主义政治文明的需要,可以给人们充分表达意见和自由的权利,是政治文明的目的之一,其中也表现人民在建设政治文明过程中对民主、自由、平等、正义、和谐的追求。开放中小企业资产公益诉讼,可以在更大程度上使公民参与国家的政治进程,也使得国家机器尤其是政府机构能够更好地维护民众的利益,更人性化地对待民众的诉求,改变自己对民众实施的不合理的制度限制和非人性化的管理模式。

(3)是权利与权力博弈的结果。

①权力的本源。利益是权力与权利的本源,权利与权力最终是为了利益,本源于利益,认识权力、权利,需要从利益说起。人类生存、生活和发展必有所需,此即利或利益,人对于利益的欲望往往是无止境的,总想获取最大利益,然而利益之取与予,其度如何界定,由谁界定;相互间发生争执和冲突如何解决,由谁"定纷止争"?社会需要对人与人之间的利益分配关系进行某种权衡、协调,对个人应有利益予以界定并保障其实现。从终极意义上可以说,各种群体的公共机关,特别是国家公共机关,主要是为了对所管辖范围内的各个人、各群体间的利益分配关系,进行权衡、协调和裁判而设立的,其基本职能和活动任务在于此。这种活动可以简称为权(衡)利(益)。而经过权衡被界定为各主体应得之利益,就是权利——即经"权"后确认之"利"。从事和参与权利的权衡、协调、界定、确认并保障实现,乃是一种活动,需要某种力的作用。自然界和人类社会存

在着各种各样的力。专为对社会民众或其他主体的权利进行权衡、协调和确认之力，称作权力。因此，权力的本源是利益，权力是权衡、确认和保障利益分配关系之力，权力本身也是经由社会权衡、确认之力。这就是权力的本源。

②权力与权利的关系。权力源于权利，并最终本源于利益；同时，权力虽源于权利和利益，但也与权利不可分割。这不仅表明权力必须为权利而作用，而且也意味着权力必须有相应的权利作为其基础，这是权力存在和发挥作用的物质和精神基础。公共机关不仅拥有权力，而且拥有权利，凡力均是物质运动的一种特性和表现，需以一定的物质为依托和基础。权力存在的方式也有两个基础，一是人——人的智力和体力；二是物——人的智力、体力需要物的支撑，还需要借助于物而延伸和加强。国家公共机关拥有的利益资源表现为国家财政收入及其他中小企业资产，公共机关对这些利益资源拥有占有、支配权，即拥有权利。公共机关从事公务活动即对社会各主体的利益分配关系进行权衡、协调、界定、确认和保障实现时，拥有对相关民间社会利益资源的处置权。处置需要力的作用，因此是公共机关的权力表现，但是处置又是对相关利益资源的一种支配。这种支配虽然通常是对民间主体的利益关系做出调整，是民间主体间的权利关系问题，但公共机关相对于利益资源如不享有调整、变更、转移——此即为一种支配方式——权利，也就不能对它实行权力。

民众个人的权利也有两类：一类是由个人独自享有的权利，即被公认应归个人取得和支配之利益；另一类是各个人对公共事物参与的权利。个人的参与权之所以是一种权利，是因为它所参与的是对全社会有关利益资源的调整和处置，调整、处置意味着有某种支配权，此即权利。[①]权力的产生并受制于两种因素，即人和物，由于社会对公共机关权力和权利的界定不可能十分具体，公共机关的官

①(美)吉奥加卡波罗斯. 法律经济学的原理与方法[M]. 许峰，翟新辉，译. 上海：复旦大学出版社，2014.

员和雇员利用权力谋取自己的利益或者消极、懈怠履行自己的职务等就造成权力背离、异化权利，从而为权力蒙上了一层神圣的面纱。鉴于权力对权利的超越、背离和异化，应当对权力制衡，权力制衡可分为社会民众对公共机关的制衡和当权者自动要求制衡。其中更为重要的是前者，这是由权力的本源及其所应担负的根本职能和任务决定的，而后者的主要起因也是人民制衡的要求。人民对公共机关特别是国家权力的制衡，可以分为在权力形成过程中的制衡与权力形成后存续运行中的制衡等，而中小企业资产公益诉讼制度的设计就是一种制衡手段，通过权力的制衡达到维护中小企业资产的安全。

2. 中小企业资产公益诉讼的社会学分析

（1）是权力经济向法治经济社会转型的必然保证

转型社会是指由传统型社会向现代型社会的转变过程。具体说就是“从农业的、乡村的、封闭的半封闭的传统型社会，向工业的、城市化的、开放的现代型社会的转型”。一个国家的经济结构转型必然要影响到整个社会，引起经济、社会、文化和政治结构的改变。社会转型是一场深刻的生产、生活方式的变革，是社会政治生活的调整。这一转型不仅仅是社会结构的转型，即从农村的、乡土的、封闭半封闭的传统社会，向工业的、城市化的、开放的现代社会转变，也是经济体制的转型，即从自给自足的传统经济、以高度集中为体制特征的计划经济向以市场调节为体制特征的社会主义市场经济的转变。这两种转变同时并进，相互推进，又相互制约，呈现出结构冲突和体制摩擦交织在一起的态势，这种态势把政治、文化等诸多社会因素也融入转型社会之中，引起国家与社会关系、社会阶层结构和社会价值观念的巨大变迁。当代中国转型社会是由传统主义模式向中国特色社会主义模式的转变，是社会、政治、经济和文化、法律及其运行机制的重新选择与更替。中国社会转型的关键问题是控制权力，中小企业资产在我国经济中占有十分重要的地位，维护好中小企业资产的安全，让中小企业资产的作用切实发挥，在这个全方位的转型过程中有着重要的意义。

①中国经济体制改革与社会转型。我国的社会转型是由经济体制改革所引发的整个社会的转型。1978年以前,我国实行的是计划经济,1978年以后,我国开始了经济体制改革,在1978年提出了建立发挥价值规律的计划经济。1979年提出以计划经济为主,以市场调节为辅。1984年10月,党的十二届三中全会通过的《中共中央关于经济体制改革的决定》,突破了计划经济同商品经济对立起来的传统观念,指出中国社会主义经济是"公有制基础上的有计划商品经济"。社会主义的本质,是解放生产力,发展生产力,消灭剥削,消除两极分化,最终达到共同富裕。党的十四大报告中第一次明确提出:"我国经济体制改革的目标是建立社会主义市场经济体制。"党的十四届三中全会通过了《中共中央关于建立社会主义市场经济体制若干问题的决定》,把党的十四大确定的目标和基本原则系统化、具体化,设计了基本框架,指明了实现这一目标的途径,并提出在20世纪末我国初步建立社会主义市场经济体制的任务。党的十五大上作的《高举邓小平理论伟大旗帜,把建设有中国特色社会主义事业全面推向二十一世纪》的报告中,对社会主义市场经济中的一些重大理论问题进行了实事求是、符合当代中国实际的科学回答。在职工下岗和再就业理论方面实现了突破。十六届三中全会通过了《中共中央关于完善社会主义市场经济体制若干问题的决定》,这标志着社会主义市场经济理论已经走向成熟。党的十八大报告提出实现未来经济发展目标,关键要在加快转变经济发展方式、完善社会主义市场经济体制方面取得重大进展。要深化对社会主义市场经济规律的认识,从制度上更好地发挥市场在资源配置中的基础性作用,形成有利于科学发展的宏观调控体系。

随着经济体制的改革,其他社会领域也受到影响,政治、文化、法律等各方面都进行着根本变化,中国社会进入了一个转型时期。在政治结构方面,政府逐步从广泛的社会经济领域撤出,把权力还给社会与市场。提高政府管理效率与水平,加强和改善党的领导,国家的职能由原来的全能型政府职能开始向有限型政府转变,政府将一部分不属于自己的职能予以开放,交由社会组织和民间组织去管理;在管理方式上,由运用行政手段为主转向运用经济手段为主,由微观管理、直接管理为主转向宏观管理、间接管理为主;由重视计划、排斥市场转向把计划与市场有机地结合起来,逐步建立起社会主义市场经济体制。相对应开始利益多元化,法律体系也出现变化,中小企业资产监管法治化也成了一个重要课题。

②权力经济产生的原因。权力经济和法治经济是一对法学范畴。所谓"权力经济"是指国家权力广泛地介入社会经济生活的各个领域和环节,对经济实行统制的一种经济形态。在这种经济形态中,国家管理经济的方式主要是依靠行政指令而不是法律,即使颁行一些法律,也只是把法律当作统制经济的一种工具,法律的内容、形式及其实施程序都充斥着权力者的随意性。法治经济的基本特征是:国家在经济方面所制定的"法为良法",并且完备;各种重要经济活动都"有法可依";而这些法律都能得到切实实施,"执法必严""违法必究"。

中国社会一直具有权力经济的传统,这个传统在中华人民共和国成立后二十多年的严格计划经济时代得到了进一步的强化。在改革开放之前,我国实行全国高度集中统一的计划经济体制和经济管理体制。转型前的计划经济体制虽在中华人民共和国成立后一段时间内对我国恢复经济发展起了重要作用,但是计划经济是典型的权力经济。国家全面而几无遗漏地统制着社会经济,国家权力的触角深入社会经济的各个领域、环节和层次。当时管理经济的方式和手段是执政党和政府的政策文件、党的社论、领导人的讲话和指示等,总之是权力者的各种指令。因为计划经济是以国家计划为资源配置的方式。国家计划作为一种行政命令和行政手段,本身是政府权力的产物,其贯彻执行也靠政府的行政权力作为后盾,故计划经济实质为一种权力经济。市场经济与计划经济不同的地方在于其是以市场为配置的方式,市场是由平等主体自由追求自身利益而自发形成的,自由、平等和利益是市场主体的基本特性,这些都需要法律保障，故市场经济又被指称为法治经济。计划经济和市场经济作为不同的经济体制，决定了政府的不同模式。计划经济体制下，政府表现为全能政府，政府既是行政机构，又是经济组织；既是全民财产的所有者，又是全民财产的管理者和企业的实际经营者；既提供公共物品，又提供一般产物；既直接发动和分配投资，又直接安排和管理消费。

③权力经济的弊端。我国经济体制改革的目标是建立社会主义市场经济体制，实现由计划经济向市场经济的根本转变。计划经济本质上是人治经济、权力经济，其资源配置方式主要是行政手段、行政权力关系。与此不同的是，市场经济强调主体平等、规则公平、交易自由、机制有效、活动有序，其在本质上是权利经济、法治经济。因此，市场经济体制的资源配置方式主要是市场，必须有与之相适应的法律加以规范、引导、制约和保障。权力经济是与市场经济体制相背的，存在着许多弊端。

首先，权力经济是无规则的经济。它排斥平等、公平、公开，也无自由、民主可言，主要靠手中的特权来操纵、控制经济。权力经济的习惯势力造成政府对经济的过度干预，也很容易导致滥施权力，而政府权力无限制地介入经济活动，就必然造成不平等的竞争环境和发展机遇，从而成为市场经济发育、发展的破坏性因素。法治经济是规范化经济，它通过完备的法律手段和良好的社会法治环境有效地保障和维护正常的经济秩序，保证平等、公正、公开、公平的竞争环境和发展机遇，并有利于为经济发展创设和维系一个民主、自由、宽松、和谐、良好的空间氛围，保护公民和法人的正当权益，促进经济的有序增长和繁荣。其次，权力经济是主观意志型经济，即靠长官意志来指挥经济，靠领导人的才智和经验来支配经济。但是仅靠领导人的经验与指挥并不能保障所做的决策与客观经济规律一致。法治经济通过法律的制度化、规范化功能来发展经济，这样可以避免因领导人的个人能力、品质和主张的差异及其升降进退影响经济政策而出现短期效应，有利于经济稳定发展和实现长远目标。

再次，权力经济保护特权，重视人的身份和地位，根据主体地位的不同制定不同的法律和政策。法治经济强调主体地位的平等，以此为前提才谈得上权利平等和机会均等，才能调动人们发展经济的积极性，也才谈得上生产要素的合理流动和资源的优化配置。最后，权力经济下法律只强调法的限制、禁止、约束和惩罚功能，只重视使用强行性规范、禁止性规范和义务性规范，从而使人们畏法、恐法、避法，最多也只是为了解决纠纷、补偿损失而求助于法，而且只重视法的实体正义，不重视程度正义，这一切都大大限制了法的功能和社会作用的发挥。法治经济重视法的引导、调节、预测等积极功能，强调运用法律来组织和管理经济，进行更深入更广泛参与，使法律真正成为经济发展的内在需求。法治经济注重使用任意性规范、授权性规范、建设性和奖励性规范来调动人们的积极性；不仅重视法的实体性正义而且重视程度正义，通过实现程序正义来保证实体正义，更有效地维护主体的合法权益，并使法律更具操作性。

④权力经济向法治经济转变的必然性。经济体制转轨与治国方略转型具有同步性。经济体制改革是一个逐步控制权力的过程。要实现从计划经济向市场经济的转变，建立市场经济体系，市场机制必须发挥根本作用，国家权力必须在适当的范围内得到严格控制。国家只是在充分发挥市场调节作用的基础之上，对涉及社会经济结构和运行的某些重要部位和方面进行适当的国家调节，并且是依法调节，受法律的规制，避免权力干预的随意性。另外，为了能让市场机制发挥基础性作用，必须充分保障企业和民众的经济权利和自由，使之能够按照价值规律和供求关系公平参与竞争。国家为此制定符合市场法则的法律让民众遵行，国家权力一般不直接介入。这就是人们所说的“市场经济就是法治经济”的基本道理。相反，如果国家权力得不到控制，过多干预经济，民众经济权利和自由得不到充分保障，则市场机制就不能充分发挥其基础作用，市场经济体制就不能真正确立和运行。建立社会主义市场经济体制是我国经济体制改革的方向，治国方略必须随之转变，权力也必须逐步受到

控制。从这个意义上说，权力经济向法治经济转变成为一种必然。

中小企业资产公益诉讼制度的设计，就是要打破权力对中小企业资产的垄断，使权力在经济发展中的行使受到制约，彰显出法治手段的作用，也是转型社会民众作用的具体体现，这种转型中的经济与政治是相得益彰的。

（2）减少突发事件、维护社会稳定。

德国社会学家科塞的冲突理论认为，冲突中的敌对情绪有三种表达方式，第一种是将敌对情绪发泄到该发泄的对象上，发泄到真正的对立面上。第二种是替代，即把敌对行为指向替代目标。替代又可分为手段的替代与目标的替代。第三种是没有对象的直接表现。例如酗酒、狂呼乱叫。敌对情绪的发泄具有安全阀的功能。

在当今中国，收入差距不断拉大，除了正常的市场化与个体自身因素外，与双轨制转型阶段权力、资本的不正当牟利有很大的关系。这样一种不合理的收入差距格局隐含着极大的风险。而现有的一些中小企业资产监管者不懂民意。如果不改变这种状况，社会矛盾会越积累越多，从而导致底层民众的不满和骚乱，甚至出现群体性事件等。中小企业资产公益诉讼制度给民众一个途径合理地表达自己的感情、情绪，将民众关于中小企业资产的合理诉求引导到司法途径去解决，从而保障社会的和谐发展。

3. 中小企业资产公益诉讼制度的经济学分析

（1）委托代理理论

委托代理理论起源于16世纪的地理大发现引发的国际贸易规模扩大，这种规模扩大需要更有效率的商业组织与之配合，公司制度于是应运而生。随着这种公司制度的建立和发展，资本所有权和经营权产生分离，生产走向专业化和社会化。通过这种委托代理关系，资本所有者将资本委托给专业人员经营，自己通过委托代理关系对经营行为进行监督。我国中小企业资产监管体制中，不管学者们理论观点如何，都承认广大人民群众是所有者，是第一委托人，广大人民群众通过公益诉讼对中小企业资产进行监管是必然的，也是委托代理理论从最初委托中就赋予的权利。

(2)成本和收益

在中小企业资产管理中,由于从名义上说,中小企业所有者对中小企业资产拥有所有权,所以许多人不愿意而且也没有路径去阻止一些侵害中小企业资产的行为,而正因为如此,侵害中小企业资产的人员受不到应有的制约,导致中小企业资产监管不利,这就是中小企业资产管理中的“公地悲剧”。因此要保护好中小企业资产的监管,在已经合法界定产权归谁所有的情况下,防止他人侵害中小企业资产,就可以按照科斯第二定律加大违规者的交易成本,这样就可以制止他人肆意侵害中小企业资产。因为按照“经济人”的假设,当违规者的付出和成本大于他的收益时,他自然就会停止侵害中小企业资产。正如意大利经济学家贝卡利亚所言:“刑罚的有效性不在于刑罚的严酷性,而在于刑罚的及时性和不可避免性。”如果在一个中小企业资产的监管中,事情败露或者惩处率低于违法犯罪人员的预期率,那么一些人就会采取违法犯罪手段在中小企业资产管理中违法犯罪。

从我国目前的中小企业资产监管违法犯罪查处比例来看,整个比例还是比较低,更多的是通过查处相关的案件时才发现中小企业资产监管中的案件。

中小企业资产公益诉讼制度的设计,就是要通过中小企业所有者的参与行为,增加侵害中小企业资产案件发现的概率。如果建立起群众通过诉讼手段来监督中小企业资产的制度,将会大大降低获取中小企业资产监管的信息成本,也可以发挥经常性的监督作用。在“人民监督”的汪洋大海中,公益诉讼虽不能保证每次都能成功,但其作用不可低估。“这像是打猎,虽然十回九空,但有一次就行……只要有一次成功,对管理层就是一种威慑,使之有所顾忌不敢为所欲为。随着发现概率的增大,违规者所付出的成本越来越高,那么侵害中小企业资产行为也会越来越少。”[①]当然,中小企业所有者的参与

①(俄)屠格涅夫.猎人笔记[M].耿济之,译.北京:中国青年出版社,2019.

也会考虑到成本和收益的问题，因此，需要在中小企业资产公益诉讼制度设计中增加激励和约束机制，对发现中小企业资产相关案件并通过自身公益诉讼制止的，给予一定的补偿或者奖励。

4.中小企业资产公益诉讼制度的法理学分析

(1)权利救济理论。

没有救济就没有权利，法律对公民权利、自由规定得再完备，列举得再全面，如果在这些权利和自由受到侵犯之后，公民无法获得有效的法律救济的话，那么，这些法律上的权利和自由都将成为一纸空文。中小企业所有者既然享有中小企业资产所有权这个权利，就应当允许在自己权利受到侵害时通过诉讼途径予以救济，国家也应当承担这种义务，因为诉讼毕竟是社会解决纠纷中的最后一道防线。从一种更广泛的意义上说，诉讼救济是通过对法定权利的肯定，反复强调法定权利的价值，不断地宣示权利和高扬权利，从而维护法律的尊严和权威，为权利实现创造良好的氛围。在《中华人民共和国中小企业促进法》中，第4条就规定了中小企业应当依法经营，遵守国家劳动用工、安全生产、职业卫生、社会保障、资源环境、质量标准、知识产权、财政税收等方面的法律、法规，遵循诚信原则，规范内部管理，提高经营管理水平；不得损害劳动者合法权益，不得损害社会公共利益。第57条也规定了县级以上人民政府定期组织对中小企业促进工作情况的监督检查；对违反本法的行为及时予以纠正，并对直接负责的主管人员和其他直接责任人员依法给予处分；第58条同样也规定，国务院负责中小企业促进工作综合管理的部门应当委托第三方机构定期开展中小企业发展环境评估，并向社会公布。这里的规定是对中小企业资产监管公益诉讼的宪法支持，虽然部门法对这种制度没有具体规定，但是并不能说明中小企业资产监管公益诉讼就没有法律依据。毕竟，从我国部门法的制定来看，立法者往往局限于创制层面，关注法律规范的自身逻辑结构上的完整性，而忽视从将来法律实施的前瞻性视角关注法律的可诉性问题。

通过诉讼途径解决中小企业资产监管问题，是因为司法保障具有公正性和权威性，通过诉讼途径解决社会矛盾和冲突，是最有效的解决矛盾和冲突的手段。其所以如此，是因为诉讼是由国家审判机关依照诉讼法规定的程序进行审理，查清事实，分清是非，做出裁判，最具有公正性和权威性，其次司法保障还具有平等性。法律面前人人平等，是社会主义法制的基本原则。因此，任何人都不能把自己凌驾于法律之上，只要触犯法律，司法机关都有权予以曝光和审判，这可以有效地防止某些违法行为逃避法律制裁的现象。司法保障的最主要的特点是它的强制性。当司法机关通过司法程序审查原告提起的诉讼请求，从而做出最终判决时，这一判决就有了强制执行的效力。这是一种以国家强力为后盾的不得不执行的强有力的判决。

(2)法治的理论。

在法治的理论中，对于什么是法治的核心，法学界也是存在争议的。有的学者认为：我们所讲的法治，其核心问题是依法办事，同时，它作为一种治国的思想、方式和体制，又直接涉及政治体制与司法制度。还有的学者提出法治或依法治国思想的核心历来是国家权力配置问题，因而这一核心思想又离不开政治体制的构造问题。笔者认为，对于法治理论，不应从国家的角度来看待法治的核心，而应从社会公民的角度提出法治的核心，法治的核心在于充分体现民众的意志和维护民众的权利，法治则是依照广大民众意志和利益要求（通过法律）对国家的治理。在法治情况下，由于广大民众的意志和利益要求一般都需要通过法律集中体现，因此法律体系完备、法律地位崇高，是治国的最高准则。所谓法律体系完备，是指治理国家的法律都比较发达，包括民法、刑法、经济法等法律部门都已经担负起规范社会活动的作用，没有出现无法可依的状况；所谓法律地位崇高，是指制定的法律代表广大民众的意志和利益要求，在法律实施中受到社会公众的尊敬，享有很高的权威，能够起到控权的作用。

法治的核心是民众的意志和维护民众的权利。在法治理论上，明确充分体现和维护民众权利是良法和法治的基础和核心固然十分重要，而认识控制权力对于维护民众权利的重要性则更具有关键性意义。完全可以说：维权（利）是法治的基础和核心，控权（力）则更是法治的关键。从理论上说，控权是指在对权力进行约束、限制的同时，也对其进行鼓励和引导，使其充分发挥积极功能，从而保障权力正确行使。为什么说法治的关键是控权呢？公共部门既有权力也有权利，但是一旦权力部门扩大和滥用权力并因此而扩充自己所支配的权利，其结果必然是侵犯和损害民众的权利。一个国家在一定时期内的利益资源总量是特定的。国家公共权力机关拥有的权利多了，民众享有的权利份额就减少了。这犹如一个蛋糕，如果一分为二，左边的多了，右边的就少了，右边的再给众人分，他们之间分配得不管怎样公平，其总份额都减少了。所以，在社会不能不需要公共权力，而公共权力又总会存在着对于民众权利背离、超越和异化的特性，并因此而侵犯民众权利的情况下，为了切实维护和保障普通民众的权利，必须严格控制公共部门的权力。否则，即使承认和通过法律加以确认民众的权利，也是难以落实的。

设计中小企业资产公益诉讼制度，就是要将社会秩序纳入法治的轨道，给民众一个途径合理地表达自己的感情、情绪，依照广大民众的意志和利益要求（通过法律）对国家的治理，包括对中小企业资产的管理充分体现民意。通过民众的行为对国家权力进行制约，将民众的合理诉求引导到司法途径去解决，维护好法律的权威性和司法机关的公信力。通过这种法治的途径，也可以减少行政机关每年维稳的压力，使所有中小企业资产管理在法治的阳光下运作，保障社会的和谐发展。

从上面的分析可以看出，建立我国中小企业资产监管公益诉讼制度有其必要性和紧迫性，但是，要在我国建立中小企业资产监管公益诉讼必然涉及对现有法律制度修改的问题，同时还要从法学理论上探讨这种制度建立的可行性。首先要在立法上明确规定中小企业资产监管公益诉讼制度。我国虽然拥有数量众多的中小企业，但是在中小企业资产监管上却缺乏必要的法律支持。而一直受到人们关注的《中华人民共和国中小企业资产法》却迟迟不能出台,也没有明确规定中小企业资产监管的公益诉讼制度,这不能不说是一种缺憾,需要在今后的修改中增加公益诉讼的规定。其次是修改三大诉讼法,将涉及中小企业资产监管公益诉讼的诉讼程序纳入正式的诉讼法典中。最后是司法机关要加强对中小企业资产监管的公益诉讼,通过最高人民检察院和最高人民法院的司法解释来推进中小企业资产监管的公益诉讼制度。笔者认为,中小企业资产公益诉讼制度应当大体设计如下:

第一,关于起诉主体。在中小企业资产监管公益诉讼中,起诉的主体应当作广义的解释,不仅包括中小企业的所有者,还应当包括各级人民检察院,各社会团体如工会、妇联、消费者协会等组织。只要他们发现中小企业资产经营和管理部门有不法行为,损害了国家利益或中小企业的利益,就可以向人民法院提起诉讼,追究相关人员的法律责任。

第二,关于起诉对象。中小企业资产监管中起诉的对象有两类:一是中小企业资产监管中的监管者行为,如相关机构不履行监管职能或者违反法律规定行使监管权力,胡乱插手中小企业资产经营,对中小企业乱摊派,乱指挥等行为。二是中小企业资产管理的具体行为,如在中小企业资产经营中违反法律规定,为自己或者他人牟取利益,私分中小企业资产等造成中小企业资产流失的行为。上述的公益诉讼可以对过去,还可以对现在正在发生的危害中小企业资产的行为,也可以对将来可能发生的危害中小企业资产的行为提起诉讼。

第三,关于举证责任和诉讼时效。对于检察院提起的中小企业资产监管公益诉讼,从已经提起的诉讼来看,检察院是国家法律监督机构,拥有强大的侦查能力和信息来源,可以与中小企业资产监管部门以及中小企业资产运营部门处于同等地位,应当按照诉讼法的规定实行“谁主张、谁举证”原则。[1]不能举证的一方要承担不能举证的法律后果。而中小企业所有者和社会团体提起的中小企业资产监管公益诉讼，由于当事人在地位上并不平等，如果公民个人和社会团体提起中小企业资产监管的公益诉讼，在举证责任上，可以规定举证倒置原则，规定由被告一方负责举证，证明其没有违反法律法规。同时，在中小企业资产监管公益诉讼中，应当规定被告不允许对原告提起反诉。在中小企业资产监管公益诉讼的时效上，鉴于我国现有的中小企业的实际经营情况，应当规定长期诉讼时效，不能按照2年的诉讼时效来对待中小企业资产监管的公益诉讼，可以考虑规定5年的诉讼时效。

第四，关于诉讼费用承担和激励机制。在中小企业资产监管的公益诉讼中，必然涉及诉讼费用的问题和其他诉讼支出问题。虽然国务院颁布了《诉讼费用交纳办法》，诉讼收费比以前有所减少，但是相对于其他国家，我国的诉讼收费在个人收入中所占有的比重仍旧偏高。国家除了要对所有的诉讼减少收费外，还要针对公益诉讼的特点，明确规定在公益诉讼中，诉讼费用应低于其他诉讼。如果在中小企业资产监管的公益诉讼中胜诉，所有的诉讼费用应当由被告承担。如果在中小企业资产监管公益诉讼中败诉，那么检察院提起的诉讼可以由国库支付。社会团体和公民个人提起的诉讼，诉讼费用由原告承担，原告可以通过保险机制或者公益诉讼基金等形式转嫁诉讼费用。

国外的公益诉讼制度中大多规定了激励机制，如美国的《反欺骗政府法》中规定了任何公民或公司在发现有人欺骗美国政府索取钱财的，有权以美国政府的名义控告违约一方并在胜诉时分享一部分罚金。美国1914年制定的《克莱顿法》第15条规定：“对违反反托拉斯法造成的威胁性损失或损害，任何人、商号、公司、联合会都可以向对当事人有管辖权的法院起诉和获得禁止性救济。”该条第3款

①常莹．融资租赁对中小企业财务风险影响的实证研究[D]．天津：天津科技大学，2017.

规定:“依据本条提出的任何诉讼中,若原告实质上占有优势,法院将奖励原告诉讼费,包括合理的律师费。”我国的中小企业资产监管的公益诉讼同样应当规定激励机制,对在诉讼中胜诉的原告可以根据当地的生活水平奖励诉讼所涉金额的一定比例,用以弥补诉讼支出和奖励。

第五,关于起诉条件的限制。为了限制恶意诉讼,避免中小企业资产监管和运营机构及企业疲于应付,中小企业资产监管公益诉讼中应当制定一定的前置程序。对中小企业资产运营部门和中小企业提起的公益诉讼,应当在诉讼之前向负有监管职责的相关机构提起书面申请,如果相关机构在一定时期(以一个月为宜)不予答复或者不去履行职责,原告就可以对中小企业资产运营及中小企业提起公益诉讼。

本节主要是对中小企业资产监管的救济程序的完善进行讨论,针对在以前的中小企业资产监管中,过分注重中小企业资产监管中的奖励机制而忽视法律责任的追究,中小企业所有者无法通过救济程序参与中小企业资产的监管,提出了中小企业资产监管的法律责任追究程序。

在此之前,对中小企业的资产监管只关注奖励机制,而忽视法律责任,尤其是对公司高管来说,很少被追究民事责任。本节内容从一些国外的制度中吸取教训,并提出了改进这类人群的民事责任制度的建议。

在对中小企业资产的监管中,我们需要发挥诉讼程序的作用,但这些制度在我国并不完善或存在不足。从这个角度看,我们应该改善中小企业资产监管中股东派生诉讼制度,以及建立中小企业资产监管中的公益诉讼制度。

第四章　中小企业资本监管有效性的实证分析

第一节　中小企业资本融资监管有效性分析

我国中小企业融资担保业正处于规范发展期和监管形成期。本节在实地调查影响北京地区融资担保公司经营发展的主要因素的基础上，深入分析了双层监管制度对确立融资担保业现代监管体系的突出成效，提出当前既要确保命令和控制型监管工具的有效执行，更要加大对基于市场的监管工具创新，从而促进中小企业融资担保业在有效监管下规范可持续发展。

以2009年成立的融资性担保业务监管部际联席会议(以下简称“联席会议”)为标志，我国融资担保业结束了十多年来多头监管的状态，形成了以中央层面的联席会议和地方层面的属地监管共同构成的融资担保业“双层监管”体制。但是，受后金融危机对中小企业实体经济的深刻影响，特别是2012年京广两地相继爆发的儿家担保公司违规经营事件的影响，许多商业银行暂停了与民营担保机构的业务合作，地方监管部门也加大了对融资担保业务的审慎监管，中小企业融资担保业开始普遍面临新的发展挑战。如何有效解除行业发展困境，包括政府机构、行业协会、金融担保公司等，需要重新认识行业监管与行业发展之间的关系，准确分析行业监管的影响，持续不断地改进和创新符合我国中小企业金融担保公司发展实际的监管工具，既要有效防范因监管不足与监管漏洞导致的无序发展和风险隐患，还要避免重复的监管、过度的监管对行业发展的限制。

一、影响中小企业融资担保业发展的主要因素

根据北京信用担保业协会披露，2012年年末北京全市有各类担保公司合计129户，在保余额2275.38亿元，融资担保在保余额1258.79亿元，占全部在保余额的55.32%。2012年，在信贷规模紧缩背景下，特别是受华鼎、中担事件的影响，中国工商银行、北京银行等部分银行完全终止了与民营担保机构的合作，各类融资担保在保余额同比仅增长5.14%，其中贷款担保在保余额同比增长为-7.18%，融资担保业务的可持续发展面临巨大挑战。

笔者2013年对其中50户以融资类担保业务为主的担保公司进行了调研。调研表明，50户融资担保公司注册资本192.54亿元，实收资本187.61亿元，其中政府及国有控股企业出资占比26.48%，民营企业及个人出资占比69.25%。担保公司平均员工人数48人。2011年年末，50户融资担保公司合计资产总额288.78亿元，净资产总额234.19亿元，实现营业收入14.58亿元，利润总额12.45亿元，净利润3.83亿元，平均净资产回报率1.64%。

2013年的调查表明，担保公司几乎一致认为，国家现行的担保政策和我国特有的银行体制是阻碍融资担保业务开展的主要因素，两个因素占比分别高达96%和90%。除此以外，认为担保公司缺乏熟悉业务的专业担保人员问题也比较突出，该因素占比达35%；认为担保公司自身经营风险高、能力不足问题占比19%；认为担保公司自有资金问题阻碍业务开展的占比13%。[①]归纳起来，最关键因素，一是来自政府各项政策的制度安排，二是赖以存在的银行业融资服务体制；至于来自担保公司自身的经营能力、专业人才、资金实力的影响则相对次要。

为进一步深入分析影响融资担保公司业务开展的内外部因素，笔者从以下三个方面分别做了调查。

一是融资担保公司自身的4个因素对其业务发展的影响程度。

①耿建芳，杨宜．中小企业融资担保业监管有效性分析[J]．经济研究参考，2013(49)：47-52.

调查表明，关于担保资金投入问题的影响，认为较大的占48%，一般的占35%，较小的占13%，综合影响得分为0.35，倾向于一般；关于担保人才问题的影响，认为较大的占47%，一般的占比40%，综合影响得分为0.42，基本倾向于一般，但部分公司影响较大；关于内控制度的影响，认为较大的占77%，一般的占19%，综合影响得分为0.73，倾向于较大；关于管理水平的影响，认为较大的占67%，一般的占21%，较小的占13%，综合影响得分为0.54，基本倾向于较大，但少数公司影响不明显。

二是作为担保交易对象的中小企业方面6个因素对融资担保业务发展的影响程度。关于中小企业财务信息失真问题的影响，认为一般的占33%，较小的占15%，很小的占44%，综合影响得分为-0.94，基本认为影响程度较小；关于中小企业缺乏反担保手段的影响，认为一般的占23%，较小的占71%，综合影响得分为-0.71，倾向于影响程度较小；关于中小技术创新与产品开发能力不强问题的影响，认为一般的占54%，较小的占38%，综合影响得分为-0.35，倾向于影响一般；关于中小企业产品市场变化的影响，认为一般的占17%，较小的占73%，综合影响得分为-0.75，倾向于认为较小；关于中小企业事前积极争取担保的逆向选择问题影响程度，认为较大的占13%，一般的占35%，较小的占44%，综合影响得分为-0.4，介于一般与较小之间；关于中小企业取得担保后故意违约的道德风险影响程度，认为较小的占17%，很小的占75%，综合影响得分为-1.65，倾向于这种影响很小。

三是社会经济法律与市场环境等6个外部因素对业务发展的影响程度。关于法律体系不完备的影响，认为较大的占40%，一般的占27%，较小的占25%，综合影响得分为0.06，但认识分歧较大；关于信用评级体系不健全的影响，认为较小的占75%，很小的占21%，综合影响得分为-1.17，倾向于影响较小；关于社会上咨询评估审计等中介服务体系不健全的影响，认为较小的占83%，很小的占17%，综合影响得分为-1.17，倾向于影响较小；关于风险补偿制度不健全的影响，认为一般的占25%，较小的占67%，综合影响得分为-0.71，倾向于影响较小；关于经济周期波动的影响，认为较大的占85%，综合影响得分为0.90，倾向于影响较大；关于政府干预的影响，认为较大的占13%，较小的占19%，很小的占38%，综合影响得分为-1.02，总体倾向于影响较小，但具体情况差异明显。

中小企业在进行融资贷款时存在较大难度是各国都面临的普遍问题。各国中小企业在贷款融资时普遍存在资信差、渠道少等问题。世界各国也因此将立法解决中小企业融资担保问题作为帮扶中小企业发展的重要途径之一。类似的问题在我国也存在。我国中小企业的"融资瓶颈"问题更为严重，中小企业贷款规模在全国总额中的占比，与其在企业总数和工业产值中的占比极不相称。要解决这个问题，需要我们对相关融资担保法律问题有更为深入的思考。

（一）中小企业融资面临的难点和原因

中小企业融资难主要有以下几个方面的体现：一是在同等条件下，中小企业获得贷款的机会和优先度要弱于国有大型企业；二是中小企业的担保问题一直难以解决，中小企业的风险性要比大型企业大，这就使其难以找到担保单位；三是中小企业融资渠道缺乏。无论是直接融资还是间接融资都存在类似难题。目前在我国，企业发行债券和股票还存在形形色色的限制，资本市场对中小企业的条条框框不少，阻塞了中小企业直接融资的渠道。再者，由于企业内部机制、国家金融环境存在的不规范和不完善问题，即使中小企业有了好的项目，也难以保证从银行顺利拿到贷款。另外，中小企业因其风险，融资贷款单位往往要求企业以资产抵押，但抵押贷款手续烦琐，评估成本高，周期长，这也给中小企业融资造成障碍。在制约我国中小企业发展的几个关键因素之中，"融资瓶颈"已经成为最难解决的痼疾。

造成我国中小企业融资难的因素很多，主要有如下几个方面：

一是通过立法来对中小企业进行金融扶持的做法开始较晚。市场经济发达国家对中小企业进行金融扶持时，会确立对中小企业金融扶持的原则性和方向性规定,这种规定一般用颁布基础性的法律来实现。在这种规定的基础上进行落实,逐步推行相关的法律法规和行政规章。我国《中小企业促进法》虽已颁布实施多年,对中小企业金融扶持也做出了相关方向性规定,但配套法律和规章制度仍然跟不上,对有关问题的呼吁屡屡见诸学界的讨论和媒体之中。不仅如此,我国金融扶持的法规多是部门和地方性规章,法律位阶不足,使得有关法律执行起来大打折扣。这也在一定程度上阻碍了对中小企业的金融扶持力度。

二是对中小企业不断增长的融资需求,我国并没有培育出相对成熟的小型金融机构与之适应。中华人民共和国成立至今乃至改革开放以来,我国大型国有商业银行贷款业务设计以适应国有大中型企业需求为主,对中小企业的贷款需求则考虑较少。为中小企业服务而设立的小型金融机构,在实践中往往不能完成其设立的初衷,未能实现其应该发挥的功能。

三是需要对中小企业信用担保机构进一步完善。各国在寻求解决中小企业融资难这个问题的实践之中,探索出了一条比较有效的途径,即建立和完善中小企业信用担保机构。尽管我国的中小企业信用担保体系的相关立法已开始逐步完善,但相关建设工作的滞后制约了中小企业的融资。从实际情况来看,担保机构应该具备的作用没有完全发挥。造成这个结果的原因首先是机构运作的问题,无法让民间资本进入,对资金的扩充形成制约;二是一旦担保出现风险和损失,相应的应对措施十分缺乏;三是国家有关部委之间协调不够,对影响担保功能发挥的具体问题没有及时有效解决。

四是中小企业自身特性决定了其融资难势必是个世界性难题。中小企业经营一是资产和企业规模偏少、偏小,中小企业想贷款,但是能够用来抵押的资产很少;二是中小企业多处于竞争性程度较高的行业,抗风险程度低;三是中小企业多是个人化或家族化管理,治理机制不完善。这些特点与商业银行对企业稳定的现金流的预期存在冲突，增加了商业银行放贷难度，而我国目前又正处于经济发展方式转变的关键时期，使得这个问题更加突出。

（二）日美两国关于中小企业信用担保的做法

世界各大洲的主要发达国家，在第二次世界大战之后先后开展了中小企业信用担保业务。如美国于1953年，德国于1954年分别开始对中小企业信用担保体系进行建立和推行。日本起步较早，体系形成也较完善。早在1937年，日本的东京都就成立了中小企业信用保证协会。战后这一体系得到进一步发展，逐渐形成了日本全国性中小企业信用担保体系。在这套体系中，日本采用了担保与再担保结合的方式，推行中央与地方共担风险模式。

日本有关中小企业金融支持的立法细致且详尽。这也使得日本有关中小企业金融支持的政策发育得比较成熟，对中小企业的支持措施详尽且力度大。目前，日本主要为中小企业建立起三条融资渠道，这些渠道包括政府通过自身的金融机构提供贷款给企业，政府提供中小企业贷款的担保或部分担保，政府通过认购企业的股票和债券等来充实企业的资本。这些渠道为日本中小企业发展提供了有力支援。

美国对其国内的小企业提供融资服务大致有三种情况：首先是对小企业进行风险投资；其次是为企业提供贷款应对自然灾害、渡过难关；此外还有为小企业出口业务提供贷款支持。在担保方面，美国为满足小企业长远发展的资金需求，通过其设立的进出口银行和小企业管理局为小企业提供贷款担保。这些担保充分考虑到了企业的实力和发展需要，提供了十分优惠的条件。

（三）完善我国中小企业信用担保体系的思考

我国中小企业融资体系的建立和完善，在近年来越来越被社会各界所重视。结合上述日美两国解决中小企业融资的主要做法和对我国相关问题的分析，笔者认为我国中小企业融资体系的建设和立法工作还有许多工作要做。这些工作包括设立中小企业发展专项资金、建立为中小企业服务的专门金融机构等，其中，最为重要的是完善中小企业信用担保体系的问题。

中小企业信用担保体系的建立是世界各国金融扶持中小企业发展的重要环节。虽然有少数国家推行社会互助型的中小企业担保体系，但“政府出资或资助建立中小企业信用担保体系”是最具代表性的方式。

所以，我国中小企业信用担保体系的建立和完善，势必着眼于建立起一个从中央到地方、从政府到企业的多层次的完整体系。这一体系建立的特征与世界上其他国家采取的模式相似。政府建立为中小企业担保贷款的信用保证制度，通过设立信用担保机构来处理中小企业偿付困难的情况。而这个体系的建立完善，首先需要按照我国《中小企业促进法》的有关规定，安排促进中小企业发展的专项资金支持信用担保体系建设。其次需要支持担保机构和金融机构之间按照互利平等的原则加强合作。此外还要完善对担保机构的优惠支持，同时健全担保机构的风险应对机制等。

这些做法的贯彻实施，亟待我国对中小企业融资信用担保业进行立法规范。要使这方面早日走向法制化、规范化道路，在以下几个方面需要重点关注：

一是建议对既有法规进行补充和完善。现有的《民典法》“第二编物权”虽然对我国相关行业的发展起到了有力的促进作用，但也存在一些缺陷，需要加以改进以促进我国相关融资信用担保体系的建立。这些问题包括：首先是专业信用保证机构运作内容的规范没有在法律中得到体现；其次是动产担保物的范围过窄，对中小企业的融资能力限制较大，这方面可考虑允许把应收账款划作担保物以及将担保引入普通债权；再次是推进信息公开，建立动产担保权公示登记制度，使交易各方信息更加透明，更好地保护各方利益；最后是进一步丰富担保方式。

二是针对中小企业信用担保运作情况，建议设立专门法规对相关行业的运作进行规范。信用担保是高风险行业，而中小企业信用担保业的发展又直接关系到中小企业的发展壮大。制定有关中小企业信用担保的法律,使得这个行业有法可依,是行业长远发展的根本大计,也是世界各国已有实践的宝贵经验。其中需要注意的是:一是应把政策性中小企业信用担保作为该法的主要调整对象。这方面应与国外的情况有所区分。信用担保机构在国外分为政策性管理和商业性管理。由于我国相关立法的目的是对中小企业进行金融扶持,因而调整对象须落在政策性担保方面,商业性担保不应在此法调整范围之内。二是应以行政法规为该法立法层次的起点。这部中小企业信用担保的法规,应是国家调整信用担保中小企业、机构、银行以及政府等各方关系的法律规范。由于信用担保涉及利益主体多,这在客观上对法律的权威性和位阶提出了更高的要求。三是应以强制性法律规范为该法的主要调整方法。信用担保业的运作,直接关系到银行的资产安全和金融市场稳定。从这个角度来看,对这一行业的管理需要采取类似金融机构的严格管理。控制经营风险应是法律调整的重要目的之一。

三是建立多级再担保制度。再担保制度是中小企业信用担保机构规避和分散风险的一种有效途径。这种制度对于分散经营风险,鼓励担保机构主动拓展中小企业业务有很大帮助,也已在国外多年的实践中逐步完善。笔者建议在我国建立并推行三级信用再担保制度,由地方信用机构为中小企业提供信用担保,由省级信用机构为地方机构提供担保,再由国家级机构为省市两级进行再担保。相关资金建议由财政预算拨付。

四是建立和完善有关的配套法律制度。其中首先需要建立良好的内部控制制度和信息披露制度。这一制度的确立有利于规范当前中小企业普遍存在的信息失真、信誉成本高等问题,有利于提升企业的资信度。

二、双层监管制度的监管成效分析

从经济学和监管理论角度看,我国对融资担保业的监管需要解决两大问题。第一是由于金融抑制、信息不对称等金融市场失灵问题，中小企业没有机会获得融资；第二是在市场条件下，为促进融资活动提供担保服务的成本和效益如何更合理。[①]解决第一个问题的办法是建立由政府出资或补贴的融资担保体系，这已经被世界各国的实践所证明。第二个问题是纯粹的市场问题。受政府主导型经济发展模式和金融领域市场化程度不高等因素的共同影响，我国在2001年后大面积试点和推广建设中小企业信用担保体系的过程中，主要采用了“政府引导、民资参与、市场运作”的模式，并因地制宜在许多区域创造了推动中小企业信用担保体系建设的创新实践。因此，总体来看，正确认识影响我国融资担保业健康发展的关键因素，不仅在于通过加强监管约束来解决融资担保业标准化问题，还在于引导和促进融资担保业的可持续发展，有效地进行监督。这是一个复杂的问题，与解决市场失灵和促进市场参与有关。这是我国融资担保业监管面临的特殊现状。

（一）双层监管制度从国家整体角度确立了融资性担保业务监管的基本框架

随着机构改革，以及中小企业生产经营活动受到包括财政部、国家发改委、国税总局等部门的高度关注和支持，各部门从各自监管领域角度颁布了对中小企业融资担保的监管规章和规范性文件，呈现出各自为政的多头监管现象，缺乏统一监管主体，相关政策的执行与落实中沟通和协调成本较大。

融资性担保业务监管部际联席会议的成立意义重大，它标志着融资性担保业务由多部门分头监管，上升到在中央层面统一指导，结束了融资担保业的多头监管、无统一监管标准的状态，首次从全国整体的角度，确立了我国对融资性担保业务监管的基本框架。首先，明确了对融资性担保业务进行监管的目标，即加强对融资性担保业务的监督管理、促进其健康发展，并有效防范化解融资担保风

①常莹. 融资租赁对中小企业财务风险影响的实证研究[D]. 天津：天津科技大学，2017.

险。这个监管目标是在高度总结提炼原发改委中小企业司和工信部司10多年监管工作经验和教训基础上形成的。其次，构造了中央层面的“联席会议”和地方政府主管部门两个层面的监管主体；再次，明确划分了两个层面的监管职能和主要工作内容，即中央层面“联席会议”主要侧重制定有关政策和监管制度，并指导地方政府实施担保业务监管；地方政府按照“谁审批设立、谁负责监管”的要求，确定相应监管部门履行对本地区融资性担保机构的设立审批、关闭和日常监管工作。从国家整体上建立了监管框架并明确了监管目标和监管职能分工，有助于协调整合多部门对融资担保活动的监管资源，有效提高监管工作效率并降低监管成本。

（二）双层监管制度突出了融资担保业“类金融”机构的性质

融资担保业本质属于信用链的一个环节，融资担保机构也是经营信用的机构。我国的融资担保业实际是伴随着快速发展的市场经济发展需要，在尚不健全的金融体制和金融环境下，为满足因为市场交易主体在信息、利益、诚信及相关的权利义务不对称、市场交易不畅通所产生的巨大信用担保需求，在政府推动和市场需求的共同作用下应运而生的。与银行业相似，融资担保业具有很强的类金融性质，整个行业运行的核心问题是稳定性。[①]假设融资担保机构无法正常履行担保责任甚至破产倒闭，其经营风险就会直接传染到与之合作的银行业机构，损害银行业机构经营成效，规模大的话甚至可能冲击银行业自身的稳定性，引发更大范围的不稳定或危机。但是，由于从1998年起一直被划归原发改委中小企业司负责归口管理，融资担保机构实质上处于“金融之外”的发展状态，直到目前仍然是按照非金融机构进行工商登记管理。

“联席会议”成立后，确定日常办公常设机构为中国银监会融资担保部。几年来，融资担保部相继出台了《融资性担保公司管理暂行办法》及配套的8个制度，内容涵盖了高管人员任职资格管理、重

①常莹．融资租赁对中小企业财务风险影响的实证研究[D]．天津：天津科技大学，2017.

大风险报告、许可证指引、行业统计制度、公司治理指引、内控与信息披露等许多方面，对于规范融资担保公司经营管理行为、防范经营风险发挥了重要指导作用。

（三）双层监管制度有力促进了融资担保业和银行业的业务融合与监管融合

改革开放以来，我国大型银行一直按照中央集中管理的总分行经营模式运行，与之相关的监管部门中国银监会（今为中国银保监会）及其地方监管局也按垂直管理体制设置。但是，在1998年后，为调动地方政府及民营资本参与信用担保体系建设的积极性，将对融资担保机构的监督管理责任实际下放给了各级地方政府，原发改委中小企业司也仅仅发挥政策指导作用。实践中，担保公司在寻求与银行业务合作对接中发现，银行业机构对其管理控制企业融资活动的相关要求、数据指标等具体业务活动并不认可，难以有效沟通与合作。越来越多的担保机构希望被纳入银保监会监管体系中，从而有利于其与银行业金融机构的业务对接。

"联席会议"由银行监管部门牵头，在一定程度上体现了融资担保业的金融属性，特别是由融资相关部门出台的一个办法与若干配套制度，在规范融资担保公司治理、业务运作、信息披露的同时，有效促进了担保公司与银行业金融机构的沟通、交流与合作。[①]由于监管的融合，银行机构对按照新规办理经营许可证的融资担保公司信任度不断增强，业务合作更为通畅。据统计，2018年融资担保业新增担保额、在保余额增长率均高达39%，说明监管融合对融资担保业的业务合作与担保规模扩大具有重要推动作用。

（四）双层监管制度有力强化了融资担保业运作标准化与监管独立性

"联席会议"建立以前，融资担保业分散由地方政府负责监督与管理。出于获取更多的融资担保对地方经济社会发展的"溢出效

①常莹．融资租赁对中小企业财务风险影响的实证研究[D]．天津：天津科技大学，2017.

应”，地方政府积极发挥主动性和创造性，创新模式推动中小企业信用担保体系建设，促使融资担保业方兴未艾，在2012年后连续几年获得长足发展。但是，其监管工作存在的问题也不断显现。一是各地对担保公司监管标准不一，即使在同一个省，不同市县对担保公司经营管理的监督管理方式也不一致，担保公司经常处于长不大、做不好的粗放式发展状态。二是地方政府容易干预担保公司行为，出于扩大对地方平台公司融资规模的需要，或促进金融机构对地方招商引资项目的贷款支持力度等一系列原因，地方政府会指使受其控制的担保公司提供融资担保服务。三是容易形成监管俘获。政策性担保机构大多由地方政府出资设立，部分商业性担保机构也可能有地方政府参股。即使政府不直接参与出资，但考虑到担保公司对本地区企业获取贷款的放大效应，政府自然而然地会产生放松对融资担保公司业务监管的动机。特别是财力不强、无法通过财政明补方式支持担保公司发展的地方政府，更倾向于通过放松监管、创造所谓软环境的方式，片面鼓励担保公司做大业务规模，对其中累积的风险却不够重视。

“联席会议”成立后，很快发布了指导各地融资担保公司管理的暂行办法，对融资性担保公司的内部经营规则和风险控制等微观运行提出明确规范，包括公司治理结构、专业人员配备、内部控制制度、风险集中度管理、风险指标管理、准备金计提、为关联方担保的管理、信息管理与信息披露、财务制度、收费原则以及责任分担等担保公司自身运行的统一标准，以及地方政府及其他相关机构应承担的监督管理职责，包括非现场监管、资本金监管、现场检查和重大事项报告、突发事件响应、审计监督、行业自律以及征信管理等内容，从被监管者和监管者两方面统一了标准，明确了规则，有助于地方金融办等具体监管部门依法行事，独立监管。

三、双层监管制度的监管工具建设

在整个融资担保业监管体系中，确定监管机构、设计监管框架是相对基础的工作，真正复杂且长期经受检验的任务是有效设计并合理选择监管工具。所谓监管工具，就是为实现对中小企业融资性担保业务的监管目标，履行监管职能而采取的一系列方法或手段。根据监管理论，监管工具分为两大类，一类是命令和控制型的监管工具，另一类是基于市场的监管工具。评价一项监管工具的优劣，通常方法是做基于成本和效益的监管影响分析，而这一切的前提是监管工具能够确保监管机构有效抵抗监管俘获问题，否则，监管影响分析将变成形式。鉴于融资担保业是在政府的支持和引导下，为解决中小企业融资难问题而建立的一整套旨在弥补融资市场失灵的制度安排，因此这些制度大多以政府的命令、办法、意见、通知等形式体现。换句话说，目前环境下，我国融资担保业的监管工具大多以行政命令、部门规章、强制手段以及行政许可证等形式出现，基于经济学理论和方法的专业监管工具很少，应用也不够充分。

首先，要进一步理顺"联席会议"和地方政府的监管关系，有力保障命令和控制型监管工具的执行。与垂直一体化的监管体制不同，目前，由中央层面的"联席会议"和地方政府主管部门共同构成的融资担保业双层监管体制，既是对地方政府一直以来大力支持、鼓励、引导融资担保业发展的创新努力的现实反映，也是对这一巨大成效的充分认可。但是，由于仍处于转轨经济的现实情况，特别是在金融市场发展并不很成熟的条件下，来自中央与地方的不同利益诉求，来自地方与地方之间的利益竞争，都会导致对相对稀缺的财政资源、金融资源、行政资源的争夺。作为中央层面的"联席会议"，应从相对长远、更为宏观的利益角度来平衡各地因争夺金融资源和担保资源而对融资担保市场造成的损害。未来，随着"联席会议"的职能和组织体系不断加强，对融资担保业的监管将从加强命令和控制型的规章制度办法的执行，逐步过渡到走向基于透明的规则、按照"公平、透明、专业、独立、诚信和可问责"原则运作的现代监管体系。

其次，要加大对基于市场的监管工具创新，科学解决监管过度或监管不足的矛盾。按照监管理论，监管者天然有过度监管的内在激励。解决的办法是必须借助一些工具来有效约束监管机构，防止监管机构堕入监管失灵的泥潭。也就是说，对融资担保业的监管，也需要进行动态的追踪，对因金融市场发展、区域经济结构变迁等因素变化，而导致融资担保业监管前提出现变化的监管政策，也必须及时做出改进。过去历史上在铁路、电力、电信、金融等垄断领域，以及在食品、运输等竞争性市场领域中不断出现的管制、放松管制的监管改革层出不穷，就是很好的例证。在现行双层监管体制下，防范监管失灵需要高度关注的问题是监管机构的监管资源配置与监管能力不足问题。从担保公司主体利益来看，更希望承受命令与控制型监管，因为基于市场的监管工具难以被俘获。[①]未来，需要进一步增强担保费率、放大倍数、承担风险分担比率、再担保补偿比例等以价格或数量为基础的市场化监管工具，有效保持市场失灵与政府失灵之间的平衡，促进中小企业、融资担保公司、再担保公司、监管机构等相关主体良好合作、规范发展。

我国中小企业融资担保业正处于规范发展期和监管形成期。虽然目前的双层监管制度框架已经开始形成，但相关监管工具的构建仍然相对落后。需要在了解行业现状的基础上，准确分析现行法律体系的有效性和无效性，进一步优化监管资源配置，创新和使用管理工具，不断提高管理能力，推动融资担保业在监管下健康发展，实现可持续发展。

第二节　中小企业资本监管失效原因初步分析

与大企业相比，中小企业的企业规模、人员规模、资产规模和经营规模都相对较小。由于资本运作的理论尚不成熟，加上有限的资本运作实践经验、不完善的市场环境和自身条件，中小企业的资本

①常莹．融资租赁对中小企业财务风险影响的实证研究[D]．天津：天津科技大学，2017.

运作还存在诸多问题。

一、轻生产经营重委托理财

由于错误的观念，许多公司不把重点放在自己的生产经营上，而是放在委托理财上，想通过资本市场直接获利。它们通过委托理财、炒卖股票来创造营收。在有了一定资本积累后，它们把目光放在了资本运作上，忽视了主要的生产经营活动，依靠资本市场直接营利，来扩大规模。虽然资本运作可以扩大企业规模，增加市场份额，但资本运作究其根源，只是为了保障企业发展，而不是企业发展的基础，只能作为手段而不是结果。这种轻视生产经营的观念和错误做法，根本无法保证企业的生存。例如，股票市场的急剧下跌，会导致许多公司无法收回委托理财的资金，更不用说投资保底了。

二、盲目追求多元化发展

在并购和资产重组过程中，单个企业的资本和经营规模肯定会扩大。许多中小企业会单方面追求扩大经济规模，通过资本操作多样化经营，认为这样可以减少商业风险，提高企业业绩，并获得稳定的经营利润。从这个角度来看，有些人只是简单地把扩大企业资产规模的过程看作资本运作的过程。认为企业有规模，就实现了规模经济，将经济实力、业绩和资产规模画等号。然而，现实和理想之间是存在一定差距的。通过并购在短时间内实现资产规模的最大化和多元化，通常会增加不熟悉行业的经营风险。一些企业拥有良好的行业基础和业绩支撑，但因收购项目缺乏与企业原有核心产品、技术的内部联系，又无法形成新产品生产和运营的比较优势，企业原有的竞争优势容易被削弱或完全消失，最后形成了一种“主业不精，副业不旺”的尴尬局面。与此同时，这种情况很容易导致资金短缺，一些公司为了维持这种扩张的局面，不惜伪造业绩。更有甚者，一些公司不惜编造虚假账户，或与他人合作共同操纵市场。其做法和手段已经到了法律所不能容忍的“欺诈”程度，对市场和投资者造成了巨大的损害。

三、滥用发行股票手段筹集资金

一些中小企业上市只是为了筹集资金,借此敛财,甚至公司的大股东也不管公司上市后的发展状况,只是为了自己的利益。更有甚者,有些经营状况差,不具备上市条件的企业为达到上市目的,采取伪装、包装手段,上市前通过多种方式寻求符合上市资格,甚至采用欺诈手段来筹集更多资金。在上市之后,又夸大公司的发展前景和盈利能力,欺骗投资者。其中,大股东将本就极少的利润进行瓜分,留给公司的只剩下财务风险和巨大的经营风险。长此以往,不仅股东亏损,公司没有发展,而且许多企业因存在违法行为而受到调查和处理。

改善资本运作的环境和方式对中小企业的快速发展和在激烈的市场竞争中生存具有重要意义。针对中小企业资本运作存在的现实问题,企业和政府都需要采取相应的措施。

1.必须以企业的生产经营为基础进行资本运作

生产经营是决定资本盈利能力的内在因素,资本运作是决定资本盈利能力的外在因素。资本运作不能直接改变生产经营条件,企业利润的最终增长点还是在企业生产经营中实现的。外部因素只能通过内部因素发挥作用,资本运作必须用于企业的生产和经营活动。企业只能根据生产和经营的资本需要,决定资本运作的方式、范围、规模和资本经营的结构。只有当市场前景良好而生产能力和经营能力相对不足时,企业的资本运作才是必要和有价值的。如果资本运作偏离了生产和经营的资本需求,企业兼并只是为了扩大规模,那么不仅不能提高资本的盈利能力,而且还会导致生产经营的失败。

企业应在长期发展的战略指导下,确定资本运营的目标,提高市场影响力和控制力,提高科技开发能力,通过资本运营赢得市场、争得优势,实现规模经济。[①]通过对宏观经济运行的趋势、市场变动

①常莹.融资租赁对中小企业财务风险影响的实证研究[D].天津:天津科技大学,2017.

格局、行业发展前景、产品市场占有率、投入产出效果、自身的生产经营素质条件等进行深入的分析，确定企业发展的战略定位，制定企业生产经营、资本运营发展的中长期发展规划，有的放矢地确定资本运营的手段与方式，使股份化改造、兼并收购、合资嫁接、联合协作等资本经营方式围绕着一个明确的目标进行。

2.做强主业，不盲目追求多元化发展

由于认知上的偏差，许多中小企业倾向于通过资本运作来实现扩张，这意味着通过扩大规模来提高经济效益和防范风险能力。在制定资本运作战略时，多数企业会寻求多元化，意图形成多元化混合企业。

虽然这样的资本运作不乏成功的事例，但也有不少企业因为扩张过度而陷入资本运作的泥潭，甚至遭遇巨大的经济损失。企业一般不可能掌握自己主营业务以外领域的核心技术，因此企业应该明确自己的主导产业和产品，突出自己的主营业务，充分发挥其核心竞争力的规模经济效应。当出现不能“以我为主”的情况时，不妨“以我为辅”。如果自己不能成为巨人，企业就应该努力成为巨人的一部分。只要这一部分是强大的，就会比成为一个绵软无力的庞然大物要好得多。为了增强实力，企业在制定运作战略时，一方面要利用好发展势头，大力发展和吸引外来资金入股，同时可以引进先进的技术、严格的管理和规范化的运作，提高市场竞争力；另一方面，也可以与上市公司或其他有优势的企业进行合并，让自己成为上市公司控股的子企业，通过配股或扩股进入资本市场，达到做强的目的。

3.管理部门应加强资本市场监管

目前，我国的资本市场缺乏有效的监管。第一，对上市企业的审查不彻底、不严格，没有完善、健全的法律法规，让一些不符合条件的企业利用法律漏洞获得了上市资格;第二，对企业的财务监管不够及时、严密，给企业股东滥用资金创造了机会。

我们需要加强相关法律法规的建设，依据法律法规对企业的上市资格进行客观、公正的审核，严格处理企业违法违规操作，全力保证公司上市盈利能力的真实性，保护股东财产不遭受损失；加强对企业财务的监督，确保资金使用安全，实时跟踪和管理资金来源，防止企业资金被挪用、挤占，确保资本市场健康发展，同时建立有效的市场监督体系。

第三节　中小企业资本监管缺乏有效性原因的深入分析

为落实1993年《公司法》规定的比较严格的法定资本制，国家工商行政管理局分别于1995年12月和1996年12月颁布了《公司注册资本登记管理暂行规定》和《企业年度检验办法》，自此，以"验资"和"年检"为主要内容的企业资本监管制度正式形成。然而，在此后接近20年的时间里，这套制度的实施效果却很不理想，尤其是针对中小企业的资本监管，更是几近于形同虚设，其基本表现就是中小企业的资本欺诈行为泛滥失控以及执法机关面对这一现实束手无策。

一、资本欺诈行为的手段和方式

我国出台的《公司法》列举了三种资本欺诈行为，分别是虚报注册资本、虚假出资和抽逃出资，实务界将这三类违法行为合称"两虚一逃"。按照通行的解释，虚报注册资本是指，申请公司登记的单位或者个人使用虚假证明文件或采取其他欺诈手段，虚假申报注册资本，欺骗公司登记主管部门，取得公司注册登记的违法行为。虚假出资是指，公司发起人或股东事实上并未交付货币、实物或并未转移财产所有权，而与代收股款的银行串通，由银行出具收款证明，或与资产评估机构、验资机构串通，由后者出具财产所有权转移证明、出资证明，以骗取公司注册登记的行为。虚假出资的行为发生在公司设立前，而抽逃出资则是指在公司验资注册之后，股东将所缴出资暗中撤回，却仍保留股东身份和原有出资数额的欺诈性行为。

虽然这三类违法行为的性质和危害大致相同,行为人和受害人的范围也基本一致,但违法行为的手段和方式有比较大的区别。事实上,无论从违法时间还是从违法手段上看,虚报注册资本和虚假出资的相似度更大,并且这两种违法行为大多表现为"皮包公司"的形式,并借助"注册代理公司"来完成。

无论在理论上还是在实务中,虚报注册资本和虚假出资都有大范围的重合交叉,以至于难以辨识两者之间的区别。尽管有不少教科书和学术文章致力于寻找这两种违法行为的不同之处,但似乎没有哪种观点真正经得起推敲。从上文的分析来看,将虚报注册资本和虚假出资区分开来其实意义不大,或者根本没有意义,只能徒增实务中的麻烦。如果硬要从虚报注册资本和虚假出资之间找出一点区别的话,那么,前者侵害的主要是债权人利益和国家信用,而被后者侵害的则除了债权人利益和国家信用之外,还包括其他股东的利益。由于本节主要讨论公司欺诈行为对市场交易秩序造成的外部损害(公司的外部关系),而股东之间的内部纠纷属于公司治理的问题(公司的内部关系),不是本节关注的焦点,因此下文将虚报注册资本和虚假出资合并讨论。

(一)虚报注册资本和虚假出资的手段和方式

虚报注册资本和虚假出资都是公司设立前或至少是公司刚刚设立时发生的资本欺诈行为,对于实际或潜在债权人而言,公司股东、设立人或实际控制人是以欺诈手段伪造公司注册资本的数额,进而致使债权人因高估公司资信状况而利益受损,同时连带受损的还包括为中小企业资本背书的国家信用。这些欺诈手段根据出资方式主要有以下几种:以货币交付的,伪造验资证明或支付凭证,或取得验资证明后立刻抽回出资;以实物交付的,采用少交多报,或者在评估作价时,故意高估作价再作为投资;以土地使用权、不动产所有权或知识产权等非货币资产出资的,采用虚假评估或以假充真等手段虚假出资。在以实物投资时,按照相关法律规定,公司设立人或股东应该将购买实物的发票作为财务处理的会计凭证,但在虚假投资的行为中，公司设立人或股东通常只能交出发票的复印件，并谎称实物发票作为原始会计凭证因实物转移已被破坏，故而只能将发票复印件交付公司做实收资本账的会计处理。

（二）抽逃出资行为的手段和方式

较之虚报注册资本和虚假出资，抽逃出资的手段和方式更加多样化。抽逃出资的手段虽然多种多样，但万变不离其宗，目的都是股东以欺诈手段从公司取得财产。财产可以是货币（例如，将资金从公司账户直接转入股东个人账户），也可以是非货币资产（例如，将公司名下的不动产直接变更登记至股东名下），但这种明目张胆、不加掩饰的抽逃出资并不多见，抽逃出资一般会披上一层合法的外衣。《最高人民法院关于适用〈中华人民共和国公司法〉若干问题的规定（三）》（以下简称《公司法司法解释三》）列举了比较典型的四种抽逃出资的方式，分别是：①将出资款项转入公司账户，待验资后又转出；②通过虚构债权债务关系的方式将其出资转出；③通过制作虚假财务会计报表虚增利润的方法来进行不当分配；④利用关联交易将出资转出。除了第①种抽逃出资的方式之外，后三种具有很强的隐蔽性。

抽逃出资通常会通过一些会计作假行为来达到目的。从会计实务的角度来看，抽逃出资对公司资产负债表的影响，既可能体现为公司资产的减少，也可能体现为公司负债的增加。但无论通过哪一路径，也不论采取何种具体方式，其共同特征都是公司向股东无偿或超过合理对价地输送利益或者转移财产，且这种转移会导致中小企业资本或股本的减少，从而违反了资本维持原则。

二、资本欺诈行为的两种表现形式

“皮包公司”和“代办公司”都属于公司的“异形”。虽历经无数次治理整顿，两种异形公司却依然顽强地存活下来。它们披着合法的外衣，却在法律的黑色或灰色地带施展身手。观察这两种公司，可以让我们对中小企业资本欺诈行为的泛滥获得直观的认识。

(一)“皮包公司”

理论上,中小企业资本欺诈行为会伴随公司有限责任制度的始终。公司一设立,承担有限责任的股东就会立刻发现,在公司注册资本的问题上做点手脚将是有利可图的。在20世纪80年初,当“公司”在一般人眼里还是个新概念的时候,兴办公司的浪潮就已经涌现。由于当时各方面的制度并不健全,执法者对公司设立门槛以及中小企业资本状况的监管还没有一个完整的路线图。在这种状况下,形形色色的“皮包公司”在各地泛滥就毫不奇怪了。“皮包公司”又叫“空壳公司”。设立一家“皮包公司”当然不需要真实的资本,租来的办公室和一部程控电话是主要的家当;因为无资本、无场所、无员工,所以皮包公司号称“三无公司”。虽然设立手续比较烦琐,但只要想办法搞到工商、税务部门需要的各种证明文件就不难获批。有的皮包公司只有一个人,老板身兼秘书、会计和打字员,只需印上几包设计精美的名片,就可以提着皮包去谈生意了。

企业是信用的载体。企业信用之所以优于自然人信用,原因就在于,企业不仅有大量资产(厂房、设备、房产、土地等)固定在某个场所,还有数量可观的现金进出于银行。自然人可以通过“跑路”来逃债,但企业是逃不掉的。企业和生意伙伴以及消费者发生交易的数量和频率也远高于自然人,因而企业合作方通常有足够的机会通过中断交易关系或消费者“用脚投票”的方式来惩罚企业的失信和欺诈行为。

“皮包公司”却是一种伪装的企业,其逃债能力和逃债动机与自然人无异,但却企图通过伪装成企业来提升形象和信用。尽管并非所有“皮包公司”都对其生意伙伴造成了实质性损害,但就骗取信任而言,说所有“皮包公司”的经营者都是骗子并不夸张。在那个人们还没有足够警觉的时代,“皮包公司”显然是一种危险的市场参与者,它们的目标是“空手套白狼”,成了就捞一把,不成丢下皮包就走人。也正因如此,“皮包公司”不仅不会重视企业信誉,而且还严重偏好风险,热衷于从事那些具有违法性质或“打擦边球”的勾当。许多“皮包公司”和权力勾结，利用计划经济年代遗留下来的“价格剪刀差”发了财，也因此捞到了创业的第一桶金。

“皮包公司”的逃债行为和欺诈行为不仅导致了数量众多的债权人经济利益受损，而且严重扰乱了市场秩序。20世纪80年代中期起，国家工商管理机关开始整顿清理“皮包公司”。法律的不健全也为当时的清理整顿工作提供了方便，无须复杂的账目审计，只要执法机关认定是“皮包公司”，就可以直接吊销营业执照了。

经过80年代中期的整顿清理，尤其是《公司法》颁布之后，“皮包公司”的生存处境严重恶化。尽管通过抽逃出资也不难把公司“皮包化”，但一开始就通过虚报出资或虚假注册设立一家“皮包公司”的希望至少在公司注册登记管理比较严格的地区（比如北京）变得比较渺茫了。这也同时意味着，在登记管理比较宽松的地区（比如海南省）“皮包公司”仍然大行其道。

1988年，海南省被批准为经济特区，吸引了全国各地的无数创业者。但那时风靡全国的“海南热”在一定程度上就是“皮包公司热”。政府出台优惠政策，在海南设立公司非常方便，通过先取得营业执照后补交注册资金（补不补是另一回事）的方式，“皮包公司”在海南省遍地开花。2013年发表于《读天下》的一篇文章回忆了当年海南房地产行业的经营情况：

“当然在海南房地产是最便利的行业，1000万元的土地，只需象征性地打一点首付款，并出具相应的银行存款证明，就可以在土地部门办到土地证。如果存款不够，只需要5万~6万元，就能买到5000万到1亿的存款证明。拿到土地证后，就开始不断转手炒作……高峰期，这座总人数不过655.8万的海岛上竟然出现了两万多家房地产公司，平均每80个人一家房地产公司。潘石屹、冯仑、易小迪、张宝全……查看中国各大房地产大佬的过往会发现，大多数在全国各地叱咤风云的地产商们几乎都有一段共同的经历，那就是海南创业。而更有趣的是，这些大佬背后的故事总会有一则与‘皮包公司’有关。”

海南省政府后来也发现"皮包公司"太多,已经成了祸害,于是开始尝试整顿清理工作,只是进展并不顺利。"坚持就是胜利",许多捞到了第一桶金的"皮包公司"也开始不同程度地"去皮包化",有些后来还发展成很有规模和实力的民营企业。最具戏剧性的是,那些当年在海南省从"皮包公司"发展起来的房地产商,到90年代之后回到北京,抓住了北京房地产的最佳机遇期,几乎为北京建了大半个CBD。当然,成功转型的只是大浪淘沙,绝大多数"皮包公司"早已尸骨无存。

(二)代办公司

20世纪80年代的"皮包公司"泛滥使得立法者在1993年制定《公司法》时高度警惕。为了使市场主体能够名副其实,避免此前的市场混乱,1993年《公司法》不仅采取了法定资本制,而且设立了很高的公司注册门槛。虚报注册资本、虚假出资和抽逃出资等中小企业资本欺诈行为不仅需要承担民事责任,达到一定程度的还要承担刑事责任。1997年《刑法》就为此规定了"虚报注册资本罪""虚假出资和抽逃出资"两个罪名,实务界合称"两虚一逃"。

然而,法律的相对完善并没有真正遏制中小企业的资本欺诈行为,其效果在很大程度上只是逼出了更多违法操作的障眼法。在公司设立环节的各种弄虚作假依然很容易蒙混过关,而公司设立之后再抽逃出资的方式和技巧更是五花八门。在这种背景下,一种专门从事代理公司注册业务的中介机构——"注册代理公司"——应运而生,简称"代办公司"。

尽管营业执照上载明的"代理公司注册"属于合法业务范围,但客户的真正需求,却经常是需要"代办公司"帮助其在公司审查环节弄虚作假、蒙混过关。利益驱动自然会改变"代办公司"的业务性质,实际上,正是因为客户的这种真实需求极其旺盛,无以计数的"代办公司"才能在市场上找到立足之地和盈利空间。

"垫资注册"是"代办公司"的一项重要服务,其内容是为公司的设立提供注册资金,也就是帮助公司股东虚报注册资本、虚假出资或抽逃出资。根据客户需要的注册资金额度,“代办公司”将资金一次性汇入公司设立前的验资账户,通过验资审查并获得验资证明之后,这笔资金就立刻从验资账户中一次性汇出,资金出入验资账户的时间有时只有一个星期。“代办公司”按注册资金额度收取“利息”,如果客户想设立一家“名义注册资金”为1000万元的公司,他只要向“代办公司”交付几万元的“利息”,“代办公司”就帮他全部搞定。

“代办公司”为其客户的中小企业资本欺诈行为提供专业服务,本质上是一种放高利贷的行为,其利息率之高足以让“地下钱庄”的经营者望洋兴叹。民间高利贷的年利率一般不超过30%,但“代办公司”拥有的资金年利率可能数倍不止。假定某“代办公司”拥有1000万元的资金,每次供客户做注册资金收取2%的利息,每次使用期7天,每年使用40次,那么这1000万元的资金的年利率就会高达80%。倘若“代办公司”业务繁忙,手头1000万元资金就满足不了用户需求,那么,高利贷经营者就自然成了“代办公司”的最佳生意伙伴。前者向后者提供资金,后者和前者分享利息。一旦高利贷经营者攀上了“代办公司”做生意伙伴,运气好得就像中了头彩。当然,与其攀高枝,不如占高枝,资金充足的高利贷经营者开设“代办公司”的也不在少数。

“代办公司”的虚假注册服务是配套的。除了提供虚假的注册资金之外,“代办公司”还提供虚假的办公场所,甚至连电话号码都是假的。

有了代理注册公司的“一条龙”服务,虚报注册资本、虚假出资和抽逃出资等中小企业资本欺诈行为简直易如反掌。各地工商行政部门也曾设法清理整顿代理注册公司,但由于这些公司的违法交易都在隐蔽状态,并且都拥有合法的外表,所以执法难度很大。更何况,即使关停代理注册公司也阻止不了违法交易,那些致力于从事违法交易的代理注册公司完全不需要门面,只需要在互联网上打出一则广告就可以招揽生意了。

2013年《公司法》经第三次修正废除了公司法定资本制，将“实缴登记制”改为“认缴登记制”，改革后公司实收资本不再作为工商登记事项，验资报告也不再是公司设立登记必需的文件。然而，上述制度改革并未让垫资注册和虚拟注册彻底消失，这种原本为了应付公司设立审查和年检的中小企业资本欺诈服务在工商执法退出中小企业资本监管领域之后仍然拥有市场。显然，垫资注册服务的价格降低反映了客户需求的数量减少，但这种服务在注册登记制度改革之后仍然存在的事实却多少令人迷惑不解。其实细究之下就会发现，中小企业资本欺诈行为的对象原本就不是执法机关，而是公司的生意伙伴。虽然，公司实收资本已经不再属于工商机关的年检事项，验资报告也不再是公司得以成立的必需文件，但为了向生意伙伴证明自己公司的实力和信用，主动拿出一份伪造的银行对账单并不出人意料。

三、资本欺诈行为的数量和比例

关于中小企业资本欺诈行为的数量和比例，估计任何国家机关和研究机构都不可能提供准确的数据，因为抽样调查的成本太高，问卷调查的结果又不可靠。

“失控”并不是一个严格的概念，它所描述的只是违法者肆无忌惮、执法机关疲于应对，以至于中小企业的资本监管几乎处于一种完全失灵的状态。因而，资本欺诈行为的失控，对应于资本监管的失灵，两者描述的是同一个问题，或者说，是对同一个问题的不同描述。至于违法行为的数量和比例高到何种程度才算是“失控”，我们不需要给出一个硬性的数字答案。违法失控或监管失灵，只需根据一个明确的后果来界定就足够了。这个后果就是，由于违法行为被查处和惩罚的概率极低，以至于潜在违法者无须担心法律的惩罚。

既然客观数据不可得，我们就只能借助信息优势者的主观数据来说明问题。对于中小企业的资本欺诈行为，工商机关的一线执法人员、会计师事务所的会计师以及银行负责向中小企业放贷的员工,都属于信息优势者。

实际上,对于工商机关、会计师事务所以及银行而言,中小企业的资本欺诈行为失控与资本监管失灵,早已成为公认的事实。二十年来的执法实践已经表明,对于中小企业的资本监管,几乎没什么效果可言,白白浪费国家行政执法资源也就罢了,每年通过年检浪费企业大量的人力和财力,结果也只是走走形式而已。尽管工商机关每年都会查处一些资本欺诈行为,但由于查处的违法行为数量太少、比例太低,根本不会对违法行为形成有效的威慑。更何况,即使违法行为被查处,也至多被处以罚款,移送公安机关立案侦查的可能性微乎其微。

四、资本欺诈行为界定不清

尽管《公司法》和《刑法》对三种资本欺诈行为都有明文规定,使用了虚报注册资本、虚假出资和抽逃出资的概念,但对这三种违法行为的边界,却既没有法律上的明确界定,也没有学理上的一致解读。这个理论上的难题很容易变成执法实践中的障碍,其具体表现是两个问题:其一,虚报注册资本和虚假出资之间的界限模糊,由于两种行为发生的时间节点基本一致,行为模式也有大范围的交叉重合,执法者经常搞不清楚对违法行为该如何定性;其二,抽逃出资与违法分配或不当分配之间的界限模糊,当企业的经营状况尚未恶化到资不抵债的时候,能否认定抽逃出资存有争议。这一事实意味着执法者要认定抽逃出资,仅考虑其行为模式是不充分的,还必须对企业的财务状况进行审计,如此就大大增加了执法的难度。

(一)虚报注册资本和虚假出资界限模糊

《公司法》和《刑法》把发生在出资环节的资本欺诈行为区分为虚报注册资本行为和虚假出资行为。按照通行的理论解说,前者是指申请公司登记的个人或者单位,通过使用虚假证明文件或采取其他欺诈手段,欺骗公司登记主管部门以取得公司登记的违法行为。后者是指公司发起人、股东违反出资义务,未按公司注册资本的实际数额如实交付货币、实物或者未转移财产所有权的资本欺诈行为。学理上区分两种违法行为的主要根据是主体和客体。首先，虚报注册资本的违法主体主要是公司设立人或发起人的行为，但发起人未必都是股东，而虚假出资却必定是股东的行为；其次，虚报注册资本只是侵犯了国家的公司登记管理秩序，而虚假出资则是破坏了公司有限责任下的法定资本制的基础。

尽管《公司法》和《刑法》对两种违法行为做出了不同的表述，学理上也做了区分，并且这种区分也有一定的合理性，但在实践中，两种违法行为之间的界限却是十分模糊的。无论是虚报注册资本还是虚假出资，通常都会涉及两种串通方式。一是行为人与代收股款的银行合谋串通，由银行出具虚假的收款证明；二是行为人与资产评估机构、验资机构串通，由资产评估机构、验资机构出具虚假的财产所有权转移证明、出资证明，等等。并且，两种违法行为都可能涉及骗取公司登记。尤其是在中小企业的资本欺诈行为中，违法主体更是高度重合，公司发起人通常就是公司的股东。至于违法客体的区别，也只是采用了两种不同的描述而已，无论是虚报注册资本还是虚假出资，其实最终都侵犯了为企业资本背书的国家的信用。

当然，对于行政执法而言，虚报注册资本和虚假出资之间的界限模糊倒也不是多大的麻烦，因为法律对两种违法行为规定了同样的处罚，所以对于违法者而言，只要违法事实已经查清，如何定性就无须较真，遭受行政处罚或被定罪的公司和股东也感觉无所谓。但在抽逃出资的执法过程中，如果抽逃出资的边界不清晰，情形就完全不同了。

(二)抽逃出资的边界不清

抽逃出资是指在公司验资注册后，股东将投入公司的资本以隐蔽的方式撤回，从而导致侵蚀中小企业资本或股本的违法行为发生。抽逃出资违反了“资本维持原则”这一古老的公司法教义，而“资本维持原则”最本质的含义就是“禁止公司向股东返还资本”。

对于抽逃出资,学者们有不同版本但却大体相似的学理解说,归纳起来,关于构成抽逃出资的公认的条件是:①违法行为发生在公司设立之后;②公司向股东输送的利益属于股东之前出资的部分或全部。

然而,上述看似明确的界定其实包含着许多含混不清的内容,以至于抽逃出资的边界至今没有公认的定论,这一理论上的难题已经给执法者带来了相当大的困扰。[①]之所以出现这种状况,首先是因为抽逃出资中的"出资"在公司经营中并非静止不变,它已经完全融入公司全部资产之中——公司资产除了中小企业资本之外,还包括公司的资产收益和经营收益以及公司负债——因而在实践中,中小企业资本和公司资产是难以区分的。鉴于这个难题,已经有学者提出,应用"侵占公司财产"的概念来取代"抽逃出资"。

但这种观点很快就遭到质疑,质疑者认为,抽逃出资在行为样态上比侵占公司财产更加复杂,而侵占公司财产只代表了抽逃出资的一条路径。公司设立之后到了经营状态时,公司资产就不再等同于中小企业资本了。在资产负债表上,公司资产=公司负债+所有者权益。抽逃出资不仅可以表现为侵占公司财产,还可能表现为增加公司负债,而后者却不能包含进侵占公司财产的概念之中。

上述质疑也同时揭示了中小企业资本和所有者权益之间的难分难解,并因此导致了抽逃出资在另一种意义上的界限不清。其表现为两种情形:一是抽逃出资与违法分配的界限模糊,前者可能构成犯罪,而后者只承担民事责任和行政处罚;二是抽逃出资与合法分配之间的界限模糊,如果因此定性不准,对于被执法者来说差别就更大了。

由于公司资产除了股东初始投入或变更登记了的注册资本之外,还包括公司在经营过程中的资产增值部分,而这部分资产在会计科目上属于"所有者权益"项下的"资本公积金""盈余公积金"以及"利润"等,所以,如果公司经营状况很糟糕,公司资产没有任何

①冯果.现代公司资本制度比较研究[M].武汉:武汉大学出版社,2000.

增值，甚或连保值也没做到，那么只要公司以任何方式向股东输送利益，都会违背资本维持原则并因此构成抽逃出资。在这种情况下，抽逃出资很容易被认定，只要认定其行为符合抽逃出资的外观，就不会出现定性错误。

但若公司在经营过程中出现了资产增值，就不能仅凭行为外观来认定抽逃出资了，理论上，如果公司向股东输送的利益额度未超过公司资产增值部分，就没有违反资本维持原则，因此也不构成抽逃出资。如果公司向股东输送利益的额度在公司净利润的范围之内就是完全合法的；超出利润而未超出利润和盈余公积金的总额，至多属于分配不当，无须承担法律责任；超出利润和盈余公积金的总额而未超出利润、盈余公积金和资本公积金的总额，则至多属于违法分配，仍不构成抽逃出资。只有当公司向股东输送利益的额度超过了包括利润、盈余公积金和资本公积金总额的公司资产的全部增值部分，才能认定抽逃出资。

根据上述分析框架，已经有学者指出我国现行《公司法》的三个主要立法漏洞，正是这三个漏洞导致了抽逃出资在法律上的边界不清。第一，法律并未明示，禁止抽逃出资规定中的“出资”，除了由股东出资而形成的“股本”之外，是否还包括由股票溢价构成的“资本公积金”。尽管《公司法》已明确规定，“资本公积金”只能用于扩大经营或转增股本，不得用于弥补亏损，但对于是否可将资本公积金退还给股东，法律并未做出明确的规定。第二，盈余公积金可否在股东分配股息的范围之内，法律的规定也不清楚。《公司法》仅仅规定了公司税后利润的分配次序，但却并未明确界定“分配”的概念，也没有明确哪些所有者权益项目可以用于分配。第三，法律没有规定“违法分配”的概念及相应的规则，也因此没有明确违法分配和抽逃出资之间的界限，事实上，《公司法》对于分配的概念从来就没有明确的界定。上述立法漏洞直接造成执法实践和司法实践中的困扰和障碍。

五、企业年检制度的设计缺陷

公司运营是一个动态的过程，公司财产随时会发生变化，也随时可能发生侵蚀资本的欺诈行为，这就决定了资本监管的制度设计必须使得工商机关对于公司的资本变化具备一定的跟踪能力。[①]为此，行政法规为工商机关负责的中小企业资本监管规定了两项制度：一是验资制度，二是年检制度。前者是在公司设立环节的准入审查，后者是在公司运营中对与企业登记有关事项的定期审查。两者只有逻辑上的区分，实际上是连接在一起的，验资只是企业准入和接受监管的开始，倘若在公司设立后没有持续的资本监管，验资制度所能发挥的作用就微乎其微。原因已如上文所述，公司设立人要想在准入环节蒙混过关并不困难，倘若没有此后的持续监管，公司验资制度就会形同虚设。一次性蒙混过关比较容易，但要每一次都能蒙混过关就必定麻烦得多。

自1982年国家工商局发布《工商企业登记管理条例》，至2014年国务院出台《注册资本登记制度改革方案》将企业年度检查制度（下文简称“企业年检”）改为企业年度报告公示制度，企业年检制度前后共存续了30多年的时间。在此期间，1993年国家工商局制定的《企业法人年度检验办法》只实施了3年的时间，就被1996年颁布的《企业年度检验办法》取而代之，该办法经过1998年和2006年两次修订而最终定型。本部分就以2006年修订后的《企业年度检验办法》为讨论基础。

企业申报年检按规定需要提交的材料种类繁多，但实践中需要提交的材料最多有20余种。《企业年度检验办法》规定的年检程序并不复杂，但实际执行起来就没那么简单了，企业往往需要指派专人反反复复去跑工商局。国家规定的年检费用只有50元；有些省份规定，对小微企业免收年检费。但因为企业年检非常烦琐，经常需要找专门的中介提供代理服务，而年检代理费则从几十元到几百元不等，有叠加的项目还需要另外计费。有的省份，企业须缴纳几百元

①冯果. 现代公司资本制度比较研究[M]. 武汉：武汉大学出版社，2000.

的私营协会会费以及一两千元不等的开发区管理费。但所有这些年检给企业带来的成本和负担，与提交年检审计报告相比，就基本不值一提了。

应该承认，要求企业在年检时提交由会计师事务所出具的审计报告，既有法律依据，也有事实依据。[1]因为如果不对企业账目和实际经营状况进行审计，根本不可能做到实质性的资本监管，不可能发现和查处抽逃出资等资本欺诈行为，国家为企业注册资本背书的功能更是无从谈起。然而，工商机关执法人员数量有限，根本不可能承担对企业财务状况进行审计的任务，也负担不起这项庞大的开支。正是在这种窘迫的状况之下，决策者做出了掩耳盗铃的制度设计——要求企业聘请注册会计师，由会计师事务所出具年检审计报告，并且假定会计师和会计师事务所是中立的一方，其行为会受到《中华人民共和国会计法》和会计职业道德的强力约束。

然而，这种假定是非常不现实的。企业委托会计师和委托律师的情形差不多，会计师除了为客户负责并提供令客户满意的服务之外几乎别无选择，法律逻辑在商业逻辑面前是相当脆弱的。会计师事务所面临激烈的市场竞争，如果采取完全中立的立场而不考虑作为委托方的企业的利益，竞争对手就会抢走生意。尤其对于中小规模的会计师事务所来说，为企业出具验资报告和年检审计报告是它们重要的业务来源。更何况，企业总能找到满意的会计师和会计师事务所来出具一份令人满意的年检审计报告，通不过年检的审计报告也不可能提交给工商机关。

由此看来，把审计企业财务状况的任务交给会计师事务所，属于监管机关推卸责任的做法。[2]制度设计者要求会计师事务所去审计企业，可是谁来监管会计师和会计师事务所？尽管媒体偶尔曝光因会计师帮企业造假账而被查处的案件，但总体上这种案件罕见，在所有相关部门都心照不宣的情况下，会计师和会计师事务所弄虚

①冯果. 现代公司资本制度比较研究[M]. 武汉：武汉大学出版社，2000.
②俞可平. 治理与善治[M]. 北京：社会科学文献出版社，2000.

作假的法律风险微乎其微。如果要求会计师和会计师事务所在忠于客户和忠于法律之间做出选择，谁都知道结果会是什么。可即使明知企业和会计师会联合起来弄虚作假，工商机关也只能睁一只眼闭一只眼，因为工商机关同样别无选择。

《公司法》第164条规定："公司应当在每一会计年度终了时编制财务会计报告，并依法经会计师事务所审计。"企业委托会计师事务所出具年检审计报告需要支付一笔不菲的开支，从几千元到几万元不等。据报道，2018年8月份，江苏省物价局和财政厅共同发文，就会计师事务所的收费给出指导价。资产总额在50万元以下的企业，年度报表审计费用是1000元；资产总额在50万元至100万元的，年报审计费用是1500元；资产总额在100万元至500万元的，年报审计费用是2500元。但这种官方指导价没有任何意义，价格最终还是由市场的供需状况来决定的。在江苏省，年检审计报告的起步价是2000元，这个价格的确不高，因为即便完成一家小企业的年报审计，也需要2个工作日的时间，而会计师的工作价格正常就是每小时200元。这个价格是惨烈市场竞争的结果，价格越低，会计师投入审计工作的时间就越少，其工作目标无非是符合年检流程的需要以便让受检企业顺利通过年检。可这样一来，年检审计报告的制度功能就几乎完全丧失了。

尽管法律和行政法规很早就规定了年检审计制度，但为了减少企业的负担，国家工商总局（今为国家市场监督管理总局）长期限制年检审计的范围，并于2008年金融危机前后出台了一项特别通知，要求四大类企业必须提交年检审计报告，而允许其他企业均免于提交。由此可见，工商机关对年检审计制度的功能原本就没抱有多大期待，对于该项制度背后的利益关系更是心知肚明。

六、法律责任的逻辑悖论

如前文所述，由于并非所有受害人的损失都能仅仅通过民事诉讼获得完美赔偿，因而有必要为资本欺诈行为设置刑事责任，但如何惩罚却成了难题，这个难题在前文对中小企业资本欺诈行为做理论解说时就已经提及——过重的惩罚行不通，而行得通的惩罚却起不了作用。无论行政处罚还是刑事处罚都存在这个难题，这是为中小企业资本欺诈行为设计惩罚严厉程度时而发生的一种逻辑悖论，本部分将以罚金为例、以普通欺诈行为为参照进一步揭示这个悖论。

关于法律威慑的经济学逻辑要求，针对某种违法行为的惩罚严厉程度和惩罚概率的乘积必须超过违法所得。[①]假定抽逃出资的违法所得（相当于因债权人风险加大而出现的利息差额）是20万元，而惩罚概率却只有1%（这个假定的数字并不夸张），那么根据上述逻辑，针对抽逃出资的罚金只有在不低于2000万元的条件下才可能真正具有威慑效果。然而法律规定的罚金却不可能高到这种地步，首先，被查处的公司和股东通常支付不起如此高昂的罚金，其次，即使勉强能支付，这笔罚金也很可能会彻底断送一个公司的商业前景。

法律规定的罚金之所以非常低（只有资本欺诈数额的5%~10%），是因为立法者假定法律可以被完美执行，大多数违法行为必定被查处，但事实远非如此。一旦考虑到查处概率和执法能力，就会发现，行政处罚对于资本欺诈行为的威慑几乎是完全没有的。理论上，如果违法者无力支付高额罚金，就只能采用监禁的手段，在这个意义上，为资本欺诈行为设置的刑事责任，不仅可以补充民事责任，而且可以补充行政处罚。只可惜刑事责任的量刑设计存在同样的悖论。由于只有达到刑事案件追诉标准的资本欺诈行为才可能承担刑事责任，且刑事侦查的执法障碍远多于行政执法，所以刑事惩罚的概率大大低于行政惩罚。假定违法所得是20万元，而只需判处一年监禁就足以打消任何资本欺诈的念头，但若刑事惩罚的概率只有0.01%（这个假定的比例其实并不夸张），那么理论上只有判处200 000年监禁才可能有效阻止这种违法行为。然而，在最高刑期只有

①俞可平．治理与善治[M]．北京：社会科学文献出版社，2000.

20年的前提下,200 000年的刑期也只能换算成终身监禁或死刑了。

这种严厉的惩罚——无论是高额的行政罚款还是天文数字的刑期——肯定会严重影响公众对正义的道德直觉。严峻的执法现实和冰冷的数学逻辑驯服不了公众的道德直觉,因为在公众的心目中,执法无力的现状不会被合理化,甚至不会被视为一种既定条件。倘若因为执法无力而采用严刑峻法,就难免会让人们觉得,法律把原本属于执法者的责任转嫁给了违法者,这是十分荒谬的。更何况,如果抽逃出资就要判处死刑,那么法律如何对待那些更为严重的犯罪呢?这个问题触及了整个刑法体系的量刑统一性问题。

从法律经济学的角度来看,要规定对一种违法行为的惩罚严厉程度,需要考虑的因素包括行为的危害性(即给受害人、国家以及社会造成的损失)、抓获概率、作案成本、作案频率以及作案成功率。一般说来,违法行为的危害越大,抓获概率越低,作案成本越低,作案频率和作案成功率越高,对这种违法行为就会处以越严厉的法律惩罚。既然虚报注册资本、虚假出资和抽逃出资等资本欺诈行为和普通诈骗行为相比在性质上并没有什么特别之处,那么我们不妨就以诈骗罪的法定量刑幅度来做个参照。在这里,我们无须比较两种犯罪的社会危害(既然两种违法行为性质相同,就以违法所得来衡量各自的危害性),也无须比较犯罪的主观心理状态(事实上根本无法比较,我们只能假定两种犯罪的主观恶性的平均值是相等的,此外,所有关于犯罪主观心理状态的描述最终都可以还原为对行为和后果的描述)。

与普通诈骗相比,公司欺诈行为的隐蔽性更高、破案率更低,因此抓获概率也肯定更低;尽管平均说来,较之中小企业资本欺诈行为,普通诈骗行为的作案成本可能会相对较低一些,但这种成本优势与中小企业资本欺诈行为更高的作案成功率以及更高的作案频率相比就不足为道了。[1]何况普通诈骗行为的成本优势也是很可疑

①康冰清.经济政策不确定性对中小企业投资的影响[D].天津:河北工业大学,2017.

的，且不说“皮包公司”从事资本欺诈的作案成本可能比普通诈骗还要低，更重要的是，借助代理注册公司之类的中介服务机构，中小企业资本欺诈行为的作案成本已经低到和普通诈骗没有多大区别的地步了。尽管只是一种粗略的比较，我们也可以大体得出结论：对中小企业资本欺诈行为的惩罚至少不应低于对普通诈骗行为的惩罚。

1997年《刑法》及相关司法解释对诈骗罪规定的处罚相当严厉。诈骗金额5000元即可达到追诉标准；5000元到5万元的，处三年以下有期徒刑、拘役和管制，并处或单处罚金；5万元以上不满50万元的，认定为数额巨大，处三年以上、十年以下有期徒刑，并处罚金；超过50万元的，被认定为数额特别巨大，处十年以上徒刑或无期徒刑。相比之下，《刑法》对虚报出资、虚假出资和抽逃出资犯罪规定的处罚就宽松得多。虚报注册资本罪的最高刑只有3年，虚假出资和抽逃出资罪的最高刑也只有5年，且相关司法解释规定的追诉标准也高得多。

可是，为什么同样是欺诈，法律对中小企业资本欺诈行为就比对普通欺诈行为的处罚宽松得多？有合理性吗？答案是，并非完全没有合理性，原因如下：①与普通欺诈的受害人相比，公司欺诈行为的受害人有更高的概率获得赔偿。后者的受害人（也是公司的债权人）可以提起民事诉讼，股东和公司都是承担民事赔偿的主体，这就比普通欺诈的行为人更有能力赔偿受害人的损失。②较之普通欺诈行为，中小企业资本欺诈行为更可能是有产出的。后者很可能让企业家赚到了第一桶金，并使企业成长为一个真正可以造福社会的经济组织。也正因为如此，根据“实力界定权利”的逻辑，在国家和法律面前，企业和企业家联合起来就比一般人拥有更多博弈筹码，从而即使在触犯法律时，也能争取到相对较轻的惩罚，这与法律对贪腐犯罪的惩罚要远远轻于对盗窃的惩罚是一样的道理。

但《刑法》对中小企业资本欺诈行为的惩罚较轻可能并不仅仅出于上述原因，还可能和公众对其罪责认知评价有关。因为公司本身对资本欺诈行为有很强的掩饰作用，如果不仔细思考，人们甚至搞不清楚这种行为的欺诈性质。而如果一种经过巧妙掩饰的有害行为超出了公众道德直觉的射程，那么公众对这种行为的罪责评价就会出现严重的偏差。实际上，不但普通公众，不少法学专家也可能出现同样的错觉。

《公司法》第198条，违反本法规定，虚报注册资本、提交虚假材料或者采取其他欺诈手段隐瞒重要事实取得公司登记的，由公司登记机关责令改正，对虚报注册资本的公司，处以虚报注册资本金额百分之五以上百分之十五以下的罚款；对提交虚假材料或者采取其他欺诈手段隐瞒重要事实的公司，处以五万元以上五十万元以下的罚款；情节严重的，撤销公司登记或者吊销营业执照。第199条，公司的发起人、股东虚假出资，未交付或者未按期交付作为出资的货币或者非货币财产的，由公司登记机关责令改正，处以虚假出资金额百分之五以上百分之十五以下的罚款。

第四节　中小企业资本监管制度改革及评价

学界通常把废除法定资本制视为2013—2014年中小企业资本制度改革的核心，但实际上从实收资本制向认缴资本制的转变归根到底是监管方式的转变，因此笔者将这次中小企业资本制度改革直接称为“中小企业资本监管制度改革”。如何评价这次改革是本节关注的焦点。与媒体对这次改革普遍叫好不同，学界对这次改革的主流评价并不很高（有些评价甚至相当负面）。

一、中小企业资本监管制度改革的背景和过程

2013年2月，中共第十八届中央委员会第二次全体会议通过《国务院机构改革和职能转变方案》，正式提出工商登记制度改革。国务院于2013年5月13日上午召开全国电视电话会议，动员和部署

了国务院机构职能转变工作。国务院总理李克强在此次会议上指出,要把行政审批制度改革作为国务院机构职能转变的抓手和突破口。此外,面对经济下行、失业率上升的压力,鼓励全民创业也一度成为中央层面的政策选项。为此,降低公司设立门槛以及彻底放手企业资本管制的改革就提上了日程。以放松资本管制为核心的改革取向在最近几十年已成为中小企业资本制度的一个全球性风潮,在这个背景下,此番中小企业资本监管制度改革也可视为实现公司法律制度与国际接轨的一个阶段性举措。

2013年10月25日,国务院总理李克强主持召开了国务院常务会议,部署推进公司注册资本登记制度改革。此次改革是“为了进一步简政放权,构建公平竞争的市场环境,调动社会资本的力量,促进小微企业特别是创新型企业的成长,带动就业,推动新兴生产力的发展”。会议明确了5项改革的主要内容,分别是:①放宽注册资本登记条件;②将企业年检制度改为年度报告制度;③按照方便注册和规范有序的原则,放宽市场主体住所(经营场所)登记条件,由地方政府视具体条件做出相应的规定;④大力推进企业诚信制度建设;⑤降低开办公司成本,大力推进注册资本制度由实缴登记制变为认缴登记制。

2013年底,《公司法》经第三次修正对中小企业资本制度做出了重大改革。2005年《公司法》关于设立公司的法定最低资本额、公司登记前必须实缴一定比例的出资以及股东货币出资不得少于30%等各项限制性规定均被取消。自1993年《公司法》确立且一直延续的法定资本制被废除,除有特殊规定,验资证明不再是公司设立登记时必须提供的法律文件。

2014年2月初,国务院出台了《国务院关于印发注册资本登记制度改革方案的通知》(国发【2014】7号)(以下简称《通知》)。《通知》规定:“除法律、行政法规以及国务院决定对特定行业注册资本最低限额另有规定的外,取消有限责任公司最低注册资本3万元、一人有限责任公司最低注册资本10万元、股份有限公司最低注册资本500

万元的限制。不再限制公司设立时全体股东(发起人)的首次出资比例,不再限制公司全体股东(发起人)的货币出资金额占注册资本的比例,不再规定公司股东(发起人)缴足出资的期限。”尤其是,“公司实收资本不再作为工商登记事项。公司登记时,无需提交验资报告”。

《通知》中的上述规定意味着,历时20年之久的公司注册资本的“实缴登记制”被“认缴登记制”取而代之。所谓认缴登记制,是指公司设立人(股东或发起人)只需要认缴注册资本的出资总额、出资方式、出资期限即可申请注册设立公司的登记管理制度。公司股东或发起人可自主约定其认缴的出资额或认购的股份、出资方式及出资期限等事项,并记载于公司章程之中。实缴登记制与认缴登记制的最大区别是,前者设立公司的信用基础是股东或发起人实际缴付的出资,而后者设立公司的信用基础是股东或发起人承诺缴付的出资。股东或发起人承诺的事项(例如出资额度或认购股份、出资方式以及出资期限等)都需要向社会公示,股东或发起人要对其承诺并公示事项的真实性和合法性负责。

此外,《通知》还将企业年度检验制度改为企业年度报告公示制度。“企业应当按年度在规定的期限内,通过市场主体信用信息公示系统向工商行政管理机关报送年度报告,并向社会公示,任何单位和个人均可查询。企业年度报告的主要内容应包括公司股东(发起人)缴纳出资情况、资产状况等,企业对年度报告的真实性、合法性负责,工商行政管理机关可以对企业年度报告公示内容进行抽查。”2014年8月,国务院出台《企业信息公示暂行条例》,对企业年度报告制度和企业信息公示制度做出具体规定,还规定了与之配套的检举制度、抽查制度、“黑名单”制度以及相关行政处罚。

上述改革引发了社会各界对中小企业资本欺诈犯罪存废问题的思考。既然工商机关已经不再查处中小企业资本欺诈行为,那么公安机关继续对此类犯罪行为进行侦查也显得十分突兀。更有学者认为,对于大多数实行认缴登记制的公司而言,当法定最低资本额被取消后，股东出资并非公司成立的必然要求，抽逃出资问题也就随之自然消失了，因为股东没有必要再去抽逃那也许微不足道的出资。紧接着，全国工商联建议废止《刑法》中关于虚报注册资本罪和关于虚假出资罪和抽逃出资罪的规定。全国人大常委会于2014年4月出台的关于"两虚一逃"犯罪所做出的立法解释显然接受了这个建议。解释规定，抽逃出资等企业资本犯罪不再适用于实行注册资本实缴登记制的公司。

2014年5月，最高检、公安部发出《关于严格依法办理虚报注册资本和虚假出资抽逃出资刑事案件的通知》，进一步明确了罪与非罪的界限。该通知要求各级检察机关和公安机关自全国人大常委会的立法解释生效之日（2014年3月1日）起，除依法实行注册资本实缴登记制的公司（参见《国务院关于印发注册资本登记制度改革方案的通知》）之外，对申请公司登记的单位和个人不得以虚报注册资本罪追究其刑事责任，对公司股东、发起人也不得以虚假出资、抽逃出资罪追究其刑事责任。

二、中小企业资本监管制度改革引发的质疑和争议

媒体对此番中小企业资本监管的反应是一片叫好声。这不奇怪，媒体的采访对象主要企业经营者、创业者以及工商机关的执法人员。改革降低了创业者设立公司的门槛，免去了企业应对年检的麻烦和负担，也同时减轻了执法机关的责任，这种至少表面上的"多方共赢"所带来的各种利好必然会通过媒体释放出来。2013年10月25日国务院常务会议决定要变革公司注册登记制度的消息刚刚放出，就有媒体评论说，"取消公司最低资本限额具有历史意义""公司注册登记制度改革大大降低创业成本"。但诸如此类的媒体评论只是凭借目前发现的中小企业资本监管制度的各种弊端来论证改革的必要性，并且看到改革能够直接创造的制度红利，而对放松公司监管所可能引发的负面后果只字不提。此外，还有不少媒体评论认为大大压缩虚报注册资本罪和虚假出资、抽逃出资罪的适用范围，

对于所有企业都是重大利好，民营企业家可以不再担心随时掉进这个“口袋罪”。

与媒体的反应截然不同，学界对这次中小企业资本监管制度改革却陷入了“集体抑郁”的状况。“来自学界的种种质疑，一方面基于当下中小企业信用基础脆弱不堪的事实，对于企业资本管制彻底放手所可能导致的各种后果忧心忡忡；另一方面，则诉诸公司法制度的法理，特别是大陆法系的法定资本制和英美法系的授权资本制之间的差异和区别，试图从比较法的角度对企业资本管制正本清源。”[1]然而，正如有学者已经指出的，传统法定资本制遭遇的困境主要是操作障碍。在大量学者对中小企业资本制度改革的各种质疑中，甘培忠教授的批评尤为激烈。

甘培忠教授直言，此番中小企业资本制度改革令人感到“迷乱”和“错愕”。注册资本的数额确定和法定期限内的缴付以及不允许抽逃作为投资者享有有限责任的对价，是为公司制企业投资便利和债权人保护的平衡设计，一旦制度安排倾向一味偏袒于投资者而不顾债权人的利益安全，紊乱的经济社会秩序同样会给经济的健康发展造成伤害。不光债权人从事商业活动的激励受挫，还会加大调查交易对方资信、落实担保安排、延长周期等交易成本。政府努力的方向应该是转变经济发展方式，重建社会信用体系，解决中小企业融资难问题，而非仅仅致力于加快经济增长速度，更不应盲目效仿英美法日等国以及中国港台地区的中小企业资本改革做法，采用伤害债权人利益的手段去刺激经济增长。基于上述观点，甘培忠教授认为，2013年由国务院主导的中小企业资本制度改革，是对公司企业的整体信用平台拆除了支柱，仅仅以需要降低公司设立门槛和鼓励投资为由，就将中小企业资本制度中的最低资本标准当作阑尾切除，必然会导致中小企业资本制度逻辑的紊乱，给公司债权人利益保护造成制度缺口。甘培忠教授阐明公司法必须兼顾股东与债权人的利

---

①赵红瑞. 关于完善中小企业股份转让系统的研究[J]. 经济论坛，2017(11).

益平衡，指出中小企业资本制度改革存在瓦解企业整体信用的市场风险。这些观点在理论上都是成立的。但问题在于，即使坚持法定资本制及严格的资本管制，也无力提高市场信用。正如前文分析所表明的，监管失灵会让任何看起来美好的制度设计目标化为泡影。

在相对温和的批评者中，较为典型的是蒋大兴教授。蒋大兴教授首先基于比较法的研究提出认缴资本制的实施前提是运转良好的合约机制，如果没有合约机制作为防范资本欺诈行为的最后防火墙，法定资本制作为事前的保证机制还是不可缺少的。[①]进而从实证研究的层面论证了认缴资本制的实施确实欠缺合同信用基础，这一方面表现在法院强制执行机制薄弱，另一方面表现在投资纠纷数量众多，认缴资本制在设计上就存在安全配套机制欠缺的问题。

蒋大兴教授阐明了有限责任和法定资本制度的契约属性，事先的保证金和事后的强制执行是保证契约履行的两个机制，而废除法定资本制的依赖条件是国家拥有强有力的合约履行机制。他用大量数据论证了目前我国的合约履行机制还十分薄弱，因此法定资本制度仍有保留的必要。但蒋大兴教授同样忽略了，以验资和年检为核心的资本监管制度事实上比合约履行机制更加无力，因而即使在法律上保留法定资本制度，也会被荒废执行以致形同虚设。

特别值得注意的是台湾学者王文宇在技术层面提出的批评。王文宇教授并没有对这次中小企业资本制度改革全盘否定，在肯定了国务院“简政放权”的改革意图的前提下，他认为这次改革只能部分地实现改革目标。认缴登记制虽然简化了政府的注册登记和资本监管职权，但由于制度设计不够周全，最终可能混淆或者模糊政府和市场二者在企业信息审查和公示方面的分工。然而如果允许股东完全采取认缴的方式，则不仅会间接鼓励股东的机会主义行为，且无法满足企业具体融资项目的弹性需求。王文宇教授认为，中小企业资本监管的目的无非是最小化交易成本，而降低交易成本的关键，则是解决股东和债权人之间的信息不对称问题，这是确保

①赵红瑞．关于完善中小企业股份转让系统的研究[J]．经济论坛，2017(11).

满足政府与市场二者合理分工以及保障企业融资弹性和交易安全的制度设计的操作性目标。王文宇教授建议以完善的"催缴机制"来补充自由放任的认缴机制，进一步规范政府与市场在信息公示方面的合理分工。倘若资本监管不能厘清股东、公司和债权人之间的利益平衡，致力于"简政放权"的公司监管制度改革就会最终导致"简政繁权"的后果。

王文宇教授正确地提出了中小企业资本监管的核心在于解决信息不对称问题，降低市场的交易成本，只要企业信息公示真实可靠，政府无须进行资本监管也能避免各种投机行为。但王文宇教授认为此次中小企业资本监管制度改革不能实现"简政放权"的初衷，这并没有十足的依据，根据可观察的执法实践，改革确实让执法机关摆脱了验资和年检的负担，也同时减轻了企业的负担。

虽然质疑中小企业资本制度改革的声音在学界占据了主流，但乐观的支持者仍然不乏其人。支持中小企业资本制度改革的理由主要有以下几条：

(1)传统公司法理论中的"资本三原则"(即资本确定原则、资本维持原则和资本不变原则)在现代商业实践中的功能已经大大削弱。

我国《公司法》在2013年修订之前对中小企业"资本三原则"基本采取坚守的态度，但却并未在促进交易安全和优化市场秩序方面达到预期目的。要求公司资产与中小企业资本保持一致是很难做到的，后者随时会发生变化。强制性要求股东缴纳一定数额的资本，就会剥夺投资者和企业的自主权利，也会降低资金的使用效率，导致资金的闲置和浪费。[①]通过法定资本数额创造的企业准入门槛太高，就会剥夺很多人创业的机会。资本变化的模式过于僵化，就会降低企业的决策灵活性和机动性，制约企业参与市场竞争的能力和广度。这种制度设计已经严重落后于现代商业实践，因此必须进行改革和调试。

笔者认为，这种观点有些夸张了。如前文所分析的，法定资本

①赵红瑞.关于完善中小企业股份转让系统的研究[J].经济论坛，2017(11).

限额以及中小企业资本监管是利用国家信用为企业资本背书，其核心目的是解决信息不对称问题，并不单纯为了保护债权人的利益。这个制度如果顺利实施可以实现股东和债权人的双赢。

(2)坚持“资本三原则”对于提升企业信用的意义已经大打折扣。

企业真正的信用基础不是资本，而是资产，确切地说，是企业在经营活动中不断变化的净资产，净资产的数额决定了有限责任制度之下可用以清偿企业债务的实际能力。如果企业经营得十分成功，那么其偿债能力会远远超出其法定资本额度；而如果企业经营出现巨额亏损，注册资本会严重夸大企业的真实信用。在如今的商业实践中，相比于企业的注册资本，潜在的债权人会普遍更加重视企业的实际资产、经营绩效、财务结构、现金流量以及发展前景等。此番中小企业资本制度改革体现了《公司法》从重视资本信用到重视资产信用的转变。资本信用反映的是公司的静态信用、历史信用和价值信用，而资产信用反映的是公司的动态信用、现实信用、结构信用。总之，前者只反映出公司的局部信用，而后者则是公司整体或全部信用的可靠载体。在资产信用的视角下，公司资产信息的重要性变得日益突出。债权人不但需要了解公司静态的资本信息，更重要的任务是实时追踪债务人公司的包括其资本信息在内的所有信息。

这种观点看到了资产信用相对于资本信用的优势，但忽略了资本信用相对于资产信用的优势。实际上，如果企业资本保持其承诺的数额，可以为市场提供一种廉价的信用，这种信用虽不如资产信用一般准确地反映企业的偿债能力，但可以省去或降低成本高昂的资信调查。

(3)废除法定资本制是世界中小企业资本制度的发展趋势。

有学者通过比较法的研究发现，进入20世纪之后，废除法定资本制已经成为一种中小企业资本制度改革的世界性趋势。许多西方国家陆续取消了注册资本的最低限额，降低了市场主体的准入门槛。英美国家首创的“授权资本制”(Authorized Capital System)被越来越多的国家效仿。在授权资本制下，公司成立的标准是由公司章程确定注册资本总额，发起人只需认购部分股份即可，后续法律会通过授权董事会的方式，允许公司根据其生产经营的实际情况和证券市场的行情随时发行剩余部分的股份。授权资本制在一定程度上克服了法定资本制的僵化，可以提高公司资金使用效率，减少资金浪费和闲置。一些大陆法系国家和地区也相继采用了更为灵活的“折中资本制”，在折中资本制下，董事会有权根据公司章程规定决定资本的发行，法律通常只对首期发行以及随后发行的期限和数额做出限制。

这种观点有一定的说服力，但却忽略了执法机关的监管能力问题。受各种因素的制约，执法机关很难随时跟踪和监控企业资本的变化状况，更无力对普遍发生的资本欺诈行为进行查处，这可能既是中国也是其他国家改革资本监管制度的原因所在。

（4）中小企业资本制度改革不会纵容中小企业资本欺诈行为。

如前文所述，以废除法定资本制为核心的中小企业资本制度改革确实引发了人们的一些担忧，最主要的担忧是认缴资本制会纵容资本欺诈行为，并削弱甚至瓦解企业的信用基础。但乐观的支持者对此持相反的看法。他们认为，无论认缴制还是实缴制，中小企业资本都必须如实缴纳；并且无论认缴制还是实缴制，都不能阻止资本欺诈行为。认缴资本制并不意味着免除股东资本欺诈行为的法律责任，相反，股东从事资本欺诈行为的机会主义动机在企业信息公示制度之下也不见得会增加。阻止股东资本欺诈行为的主要力量不是法律干预，也不是资本监管，而是来自市场本身的压力。放松资本管制之后，可以通过加强信息披露的方式来实现对企业的资本监管。通过建立企业信息公示平台，监管部门可以强制要求企业披露与其信用相关的各种信息，对于从事资本欺诈以及其他机会主义行为的企业可以列入“黑名录”并公之于众，以此来提高企业的失信成本。

这才是最有说服力的观点。以现有的执法机关资本监管能力而论，无论采用认缴资本制还是实收资本制，对中小企业资本欺诈行为都几乎没有什么影响。既然实收资本制最终会流于形式，那么转而采用认缴资本制至少可以减少监管的负担以及企业应对监管的麻烦。

（5）中小企业资本制度的债权人保护功能是学者的一厢情愿。

破除国人长期以来对于中小企业资本制度在债权人保护功能上的迷信，引入现代市场经济思维中新型的效率更高的债权人保护机制，是构建多元化债权人保护机制的商法新思维。持这一观点的学者代表是香港中文大学法学院黄辉教授，他认为2013年《公司法》改革是政府的自觉性变迁，看到了市场在资源配置中的决定性作用，并且在现实中已经发育出诸多债权人保护的新机制，无须死守中小企业资本制度对债权人的保护。黄辉教授从新制度经济学的制度变迁理论和法律改革理论的角度，结合成本收益分析，论证了此次公司法改革的正当性，并提出债权人保护的商法新范式。

黄辉教授此篇同样发表于《中国法学》的论文，与北京大学的蒋大兴教授展开了优质的学术交流和商榷，为笔者的研究提供了智识的增量。但是，其经济分析的思路，却不完全认同其具体结论。黄辉教授未看到问题的核心，即这是一个监管的问题，而不仅仅是一个《公司法》的问题。其他更高效的债权人保护机制只是在理论上可行，但是在中国内地的现实条件下未必能运转良好。例如用《中华人民共和国反垄断法》（以下简称《反垄断法》）来保护债权人，在现实中是收效甚微的。另，第三方专业担保机构常常并不可靠，甚至有时也多为“皮包公司”，在我国目前的国情下，还是通过提高债权人与股东博弈时的地位更加可行。

三、认缴资本制下资本欺诈行为解套引发的质疑和争议

此番中小企业资本制度改革中一个特别引人注目的变化，是实行注册资本认缴登记制的公司，其资本欺诈行为（包括虚报注册资

本、虚假出资和抽逃出资）不再受到行政和刑事处罚，也就是说，工商机关和公安机关不再查处此类公司的资本欺诈行为。在免除行政和刑事处罚之后，如果发生资本欺诈行为，实行认缴登记制的公司只承担民事责任（包括对其他股东的民事责任和对债权人的民事责任）。

媒体之所以会为认缴登记制下的资本欺诈行为解套而叫好，是因为长期以来"两虚一逃"成了追究企业家的"原罪"或"口袋罪"，许多企业家因此身陷囹圄。虚报注册资本罪和虚假出资、抽逃出资罪在司法实践中也被滥用。鉴于这两项罪名的滥用和变异，大量压缩其适用范围，是对我国市场经济环境的大松绑。

（一）支持废除中小企业资本欺诈犯罪的几种观点

在学界，主张废除资本欺诈犯罪的观点由来已久。此番公司制度改革最终导致全国人大常委会以立法解释的方式为中小企业资本欺诈犯罪解套，支持者自然大有人在，他们提出的关于废除中小企业资本欺诈犯罪的理由主要有以下几条：

（1）公司法学者赵旭东教授认为，中小企业资本欺诈犯罪的危害性较轻，无须作为犯罪论处。也正因为如此，司法实践中，中小企业资本欺诈行为被查出的比例很低，被公安机关立案侦查的比例更低，以致出现了"普遍性违法"与"选择性执法"并存的尴尬局面。为中小企业资本欺诈犯罪解套就可以避免这种执法中的尴尬。

上述认为中小企业资本欺诈行为的危害不大的观点很难成立。正如前文分析所表明的，中小企业资本欺诈犯罪的危害比普通欺诈行为的危害大，而且更加难以抓获，因此法律理应对前者规定更加严厉的惩罚。无须惩罚这种行为的真正理由，恰恰是"普遍性违法"与"选择性执法"的现状，并且这种现状以现有的国家执法能力无力改变。

（2）宪法学者刘宪权教授认为，中小企业资本制度改革让刑法中关于中小企业资本欺诈犯罪的规定失去了意义。因为行为人之所以从事资本欺诈犯罪，要么是因为无力缴纳法律要求的最低限额的注册资本,要么有能力缴纳但却不愿意缴纳。

这种认识不能成立。正如前文所分析的,资本欺诈行为的目的是以不合理的对价转嫁风险,实际上是一种交易欺诈。从事这种违法行为的动机很少是因为无力缴纳法律规定的最低限额的注册资本。

(3.)经济法学者刘凯湘教授认为,以取消最低资本额、资本实缴制和验资程序为核心的中小企业资本制度改革,其实已经淡化了资本制度在保护市场主体交易安全方面的意义,同时也冲淡了中小企业资本欺诈犯罪所赖以存在的法益基础。在取消法定资本最低额之后,股东可自行注册资本数额,在既无验资亦无年检的情形下,股东可能夸大注册资本数额以骗取工商登记。虚假出资和抽逃出资虽然不会消失,但数量会大大减少。但由于国家对公司进行监管和保护交易安全这两个资本欺诈犯罪的法律基础不再被看重,所以刑事责任的必要性大大削弱。同时,《公司法司法解释三》第6条至第24条就出资方(特别是抽逃出资行为)的民事义务和责任进行了详细规定,已经能够基本实现对相关利益人的保护目标。

这种观点在逻辑上很难成立。[1]认缴资本制下中小企业资本欺诈行为的危害并没有减少,行为人从事这种违法行为的动机也没有削弱。中小企业资本欺诈行为之所以可以免除行政和刑事处罚,没有任何逻辑上的理由,唯一的理由是现实的困境,即国家无力改变"普遍性违法"与"选择性执法"并存的局面,以致执法的收益完全被执法成本所淹没。

(二)反对废除中小企业资本欺诈犯罪的几种观点

相比之下,反对废除中小企业资本欺诈犯罪的学者提出的观点更加多元化,这些讨论多半集中于中小企业资本欺诈犯罪中的抽逃出资罪。有人认为应该重构抽逃出资罪,也有人认为应该将抽逃出资罪更名为侵犯公司财产罪。下文介绍并评论几种有代表性的观点。

(1)樊云慧教授提出应该以侵犯公司财产罪取代抽逃出资罪。

① 庞重微.军民融合发展中的中小企业融资问题研究[D].长春:吉林大学,2019.

她认为,股东缴付出资之后,企业注册资本就转化为公司财产,股东不可能抽逃出资,而只能侵犯公司财产。“抽逃出资”概念应算是误用,原因在于立法者未能厘清公司股东与公司财产之间的关系,由于实践中“侵占公司财产”可以完全覆盖所有类型的“抽逃出资”,所以后者应被前者取而代之,进而重构股东“侵占公司财产”的责任。如此既可消除公司法理论上的困惑,也能缓解司法实践中的认定难题,同时与中小企业资本制度由资本信用转向资产信用的趋势吻合。

(2)樊云慧教授的观点遭到了刘燕教授的批评,刘燕教授也同时批评了试图将抽逃出资行为交由侵权法处理的观点。在她看来,“资本”与“资产”通常是资合公司的一体两面,股东抽逃出资与侵占公司财产有大范围的重合。抽逃出资与侵占公司财产是共生的关系,但不能相互替代。况且,“侵占公司财产”不能完全覆盖抽逃出资,通过增加公司负债而抽逃出资的行为就不能算是侵占公司财产。更何况,“禁止公司向股东返还资本”作为古老的公司法原则,在当今的大陆法系以及绝大多数英美法系国家的公司法中,仍然是重要的组成部分,目前并没有哪个国家把股东抽逃出资的问题从公司法中剥离出来,或者转交给侵权法来处理。2013年我国中小企业资本制度改革虽然放松了资本管制,但并未否定资本维持原则,用“侵占公司财产”概念来取代“抽逃出资”概念明显师出无名。

刘燕教授进而指出,从公司财务结构看,股东抽逃出资包括侵占公司财产与增加公司负债两条路径,只为抽逃出资设定侵权责任的做法更是忽略了禁止股东抽逃出资是公司法最古老的理念以及资本维持原则的核心要义。目前的任务不是为抽逃出资解套刑事责任,而是应该在兼顾股东与公司间资本性交易规则框架的前提下重构抽逃出资罪的公司法基础。

无论是以侵占公司财产取代抽逃出资还是重构抽逃出资,都有一定的合理性。但有两点笔者仍需强调:第一,理论上抽逃出资之所以不能交由侵权法处理,是因为抽逃出资的“抓获概率”远低于归入侵权法所要求的抓获概率(接近100%),这意味着侵权法无力内化所有的违法损失，因而必须交由《刑法》来管辖；第二，上述逻辑会在“普遍性违法”与“选择性执法”并存的现状面前彻底失效，而严峻的执法现实成了免除抽逃出资以及其他资本欺诈行为刑事责任的强有力理由。

四、反映中小企业资本监管改革成效的官方统计数据

自2014年3月1日公司注册登记制度改革到2015年2月底改革期满一年之后，国家工商总局成立的企业发展与宏观经济发展关系分析课题组为呈现改革成效公布了几组数据。

（一）反映企业登记数量增长的官方数据

国内各类型的市场主体在改革后仅一年时间里，均呈现快速增长的势头，总数突破了7000万户。据商务部2019年统计数据分析可知，截至2018年2月底，全国实有市场主体的总量已经增至8039.10万户，同比增长了17.08%。官方数据直观地表明，月均新登记企业超过30万户，这充分反映了改革之后各类型企业进入市场的速度明显提升。

（二）反映产业结构优化调整的官方数据

通过分析数据，改革后的产业结构较之改革前有所优化，新增设的企业类型主要是第三产业，2018年增长速度为54.26%，相比来说，第一产业和第二产业新增企业的增幅分别为40.46%和33.92%。在第三产业中，不同类型的企业增幅也有所不同。

（三）反映小微企业活力以及带动就业成效的官方数据

改革带动就业的证据可以通过官方公布的新增就业岗位这一指标来测算。其中带动就业的主力军是小微企业，从所有制类型上来看，改革一年新登记小微企业所有制类型绝大多数为私营企业，行业分布广泛，以批发和零售业为主。虽然小微企业的从业人员较少、规模较小，但因其基数大，所以对就业的促进有十分重要的、不可替代的作用，而此次改革主要促进了小微企业的发展。近两成高校应届毕业生的就业问题因此次改革新增的就业岗位而得以解决。

（四）反映营商环境改善的数据和反映新设企业营业及税收贡献的数据

改革对营商环境的改善体现在为企业节约的金钱和时间成本上。具体说来，这次改革显著降低了注册的费用并大幅度缩短了企业办理注册所需要的时间。①从金钱成本上来看，改革节省了上百亿元的社会总成本。具体说来，改革前户均登记注册的总费用约为5292.0元，而改革之后则平均降低了3226.4元。在技术上，改革通过“先照后证”这一举措，极大方便了企业的注册流程耗时。[①]在改革之前，企业需要先办理好前置许可证，才能继续办理营业执照。而将前置许可改为后置的改革举措推出后，需要办理前置许可证的企业比例由改革前的27.27%降至17.85%，比改革前下降了大约9.42个百分点。②从时间成本上来看，在改革之前，户均注册时间为25.59天，改革后降至14.29天，由此可知这次改革平均帮助每户企业节省的注册时间成本大约为11.3天。③从改革后新增企业的营业收入和税收贡献方面来看，分析官方提供的数据发现，改革后平均每户企业的营业收入为63.64万元，改革后新增企业总共的营业收入可以万亿元计，对国家的税收贡献也在200亿元以上。

但是，官方提供的反映改革成效的数据并不能真正反映改革的成效。企业注册登记数量增加，很可能是以降低市场主体的整体信用为代价的，那些因降低公司设立门槛、放松资本管制而增加的企业数量中必定存在更大比例的投机型企业。这份官方的调查报告并未提供反映市场信用的任何数据。

五、对中小企业资本监管制度改革的评价

2013年，中小企业资本制度改革总体上还是成功的，大方向也是对的。做出这个评价，并非基于比较法维度对所谓《公司法》发展趋势的判断，而主要是基于对过去20年资本监管执法现实的清醒认识。如前文所述，由于执法机关严重缺乏资本监管的执法能力，以

①庞重微. 军民融合发展中的中小企业融资问题研究[D]. 长春：吉林大学，2019.

至于没有任何制度设计能够创设充足的执法激励，最终导致了“普遍性违法”与“选择性执法”并存的尴尬局面。中小企业资本监管不仅没有任何执法产出，还在白白浪费执法资源的同时，给企业增添了应对监管的各种麻烦和负担，而唯一获益的居然只是作为中介结构并负责出具验资报告和年检审计报告的会计师事务所。说到底，此番中小企业资本监管制度改革之所以取得成功，是因为过去20年的执法实践实在太糟糕了，以至于即使改革在理念上存在缺陷，但成效也不至于更加糟糕；换言之，即使改革没有取得任何成效，结局也不会是失败的，因为至少，改革省去了监管者和被监管者毫无意义的麻烦。

事实也的确如此，自中小企业资本监管制度改革至今，那些理论上可以预测的制度性的负面效应并未发生。

当然改革的成效也没有官方宣称和媒体宣传得那么显著。[①]即使相关机构提供的那些统计数据真实可信，也只是反映了公司设立数量增加等短期的市场反应。因设立企业的资本门槛取消、注册登记程序简化，增长数量最多的当然是那些资本实力弱小的企业，这些企业进入市场之后必然会进一步拉低市场主体的平均信用基础，而这会带来长期的负面效应。只是因为中小企业的信用基础原本就已十分薄弱，所以这个问题才没有迅速凸显出来。

在官方宣传中，此番中小企业资本监管改革的目的是“简政放权”。但事实并非如此，“简政放权”只是监管制度改革的一种掩护性措辞，目的是让执法机关体面地放弃一些监管事项。改革真正的成功之处主要体现于监管思路的改变，具体是以下三个方面：

1.资本监管制度改革采取了务实的态度

此前的公司监管制度的设计理念立足于一个假设，即执法机关有能力对中小企业资本欺诈行为进行监管。但从前文分析可知，这个假设相当不现实，受人力、技术、经费以及其他各方面的约束，执

①彭芳春，陈李宏，徐浩．中小企业融资与民间金融资本对接的可行性分析[J]．改革与开放，2019(09).

法机关根本没有能力去监管数量庞大的企业的资本变化,年检流于形式,验资也起不了多大作用,将监管责任分摊给会计师事务所的做法也只是执法机关的掩耳盗铃。正是基于这种执法现状,此番中小企业资本监管制度改革才大胆采取了革命性的思路——既然无力监管,就不如干脆撤出,或换一种监管方式。此番公司监管制度改革实际上是宣告了此前20年中小企业资本监管的彻底失败。

2.决策者终于认识到中小企业资本监管最重要的目的是解决市场交易中的信息不对称问题

无论是跟踪企业资本变化情况以及查处资本欺诈行为,核心都是解决这个问题。过去的资本监管制度的设计思路是借助国家强制性的执法信用来为企业的资本状况进行背书,而当发现此路不通时,就变换为建立企业信息公示平台。只要企业公示的信息真实,就足以解决信息不对称问题,如此,执法机关就不必随时跟踪企业资本的变化情况,而是强制要求企业公示反映企业信用的主要信息。为此,执法者采用抽查和公布“黑名录”的方式来确保实现上述目标,所谓“宽进严管”说的就是这个意思。值得一提的是,这一执法思路的改革借助于互联网技术的发展,企业信息公示平台在没有网络技术支撑的条件下是不可想象的。

3.改变了由企业委托会计师事务所的做法

过去的年检和验资都是由企业委托会计师事务所出具验资报告和年检审计报告,这种制度设计的假设是会计师事务所会像法律规定的那样尽职尽责地保持一个中立者的角色,但这一假设是不现实的。会计师事务所是一个营利性的市场竞争主体,作为中介机构它们不可能保持中立。资本监管制度改革后的会计师事务所会接受执法机关的委托去审计检查企业信息公示的真实性,如此就从根本上解决了会计师事务所与企业协同作弊的问题。

第五章　中小企业资本监管法律体系的完善

第一节　中小企业资本监管法律体系的构成

一个完整的中小企业资产监管法律体系，应当包括宪法层面、法律层面和法规、规章层面的所有中小企业资产监管法律规范。因此，我国中小企业资产监管法律体系也应当从这三个方面进行完善。

一、宪法层面的中小企业资产监管法

我国《宪法》在中小企业资产监管法律体系中处于统帅的位置，《宪法》条文中规定了中小企业资产监管的法律依据。《宪法》第二条规定："中华人民共和国的一切权力属于人民。人民行使国家权力的机关是全国人民代表大会和地方各级人民代表大会。人民依照法律规定，通过各种途径和形式，管理国家事务，管理经济和文化事业，管理社会事务。"第三条规定："中华人民共和国的国家机构实行民主集中制的原则。全国人民代表大会和地方各级人民代表大会都由民主选举产生，对人民负责，受人民监督。国家行政机关、审判机关、检察机关都由人民代表大会产生，对它负责，受它监督。为了改善中小企业经营环境，保障中小企业公平参与市场竞争，维护中小企业合法权益，支持中小企业创业创新，促进中小企业健康发展，扩大城乡就业，发挥中小企业在国民经济和社会发展中的重要作用，制定了《中华人民共和国中小企业促进法》。第4条规定中小企业应当依法经营，遵守国家劳动用工、安全生产、职业卫生、社会保障、资源环境、质量标准、知识产权、财政税收等方面的法律、法规，遵循诚信原则，规范内部管理，提高经营管理水平；不得损害劳动者合法权益，不得损害社会公共利益；第5条，国务院制定促进中小企

业发展政策，建立中小企业促进工作协调机制，统筹全国中小企业促进工作。国务院负责中小企业促进工作综合管理的部门组织实施促进中小企业发展政策，对中小企业促进工作进行宏观指导、综合协调和监督检查。”除了《宪法》上述条文外，还有一些其他法律：如《中华人民共和国地方各级人民代表大会和地方各级人民政府组织法》《中华人民共和国立法法》等，这些规定的有关中小企业资产监管的法律都属于中小企业资产监管法律的组成部分。

但是我国现行《宪法》并没有规定最终代表国家行使所有权的主体，这就需要从《宪法》上明确中小企业资产所有权的主体及由什么机关最终行使中小企业资产的所有权和监督权。让行使这种权力的机关有《宪法》这种根本大法作为依据，不至于一个机关或部门自己起草一个规范性文件，宣称自己是中小企业资产监管的主体。从《宪法》上明确中小企业资产监管的主体，可以增强中小企业资产监管的权威性和严肃性，也有利于对中小企业资产的保护。

二、法律层面的中小企业资产监管法

法律层面的中小企业资产监管体系包括中小企业资产监管的一般法和特别法，一般法是规范包括国有企业在内的所有企业的法律规范，特别法是专门规范中小企业资产管理、监督和营运的法律规范。在法律层面的中小企业资产监管体系构建时，要处理好一般法与特别法的关系。应当明确中小企业资产管理特别法和调整财产关系、投资关系等市场交换的民商法之间的各自调整范围。

(一)中小企业资产监管法律体系中的一般法

中小企业资产一般法主要体现在：一是民商法中关于中小企业资产监管的法律规范，包括现行的《民法典》《公司法》等。二是经济法中包括中小企业资产监管的法律规范，包括《反垄断法》《中国人民银行法》《中华人民共和国反不正当竞争法》等。三是《刑法》中关于中小企业资产监管的法律规范。《刑法》作为中小企业管理法律责任最后的调整形式和最严厉的调整手段，对中小企业管理存在的问题也应当做出相应的规定。此外,行政法、诉讼法等部门法中的关于中小企业资产监管的内容也可以纳入中小企业资产监管的一般法之中。

(二)中小企业资产监管法律体系中的特别法

中小企业资产监管法律体系中的一般法主要是指《中小企业促进法》和其他专门调整中小企业资产的法律。中小企业资产监管中的一些重大问题的引起,最根本的原因在于我国缺乏一部《中小企业资产法》对相关问题进行清晰的界定。[①]事实上,相关立法机构讨论出台《中小企业资产法》最早从1993年开始,这期间立法机关多次希望通过该法,但由于中小企业资产管理体制方面正在进行剧烈变革,同时也因为我国中小企业数量众多等原因,使得《中小企业资产法》迟迟未能出台。

三、法规、规章层面的中小企业资产监管法

由于对中小企业资产的监管是一个持续不断的过程,监管机构可以主动立法,制定规则和标准,禁止违法行为的发生,并根据监管过程中观察到的社会经济或技术的变革,及时修改、变更监管规则。这种法规、规章较宪法层面和法律层面的监管法律规范更灵活。法规、规章层面上的中小企业资产监管体系主要是地方性法规、行政法规、部门规章,主要包括产权管理规定、财务监督规定、资产评估规定、清产核资规定、业绩考核规定、收入分配规定。但是在完善中小企业资产法律体系中法规、规章这一类时,还有几项是应当立即制定的,这一规定对现有的中小企业资产管理将起到很大的促进作用。笔者建议设立以下几项法律、规章。

(1)《中小企业授权经营管理办法》,实现授权经营是我国多年来中小企业资产管理体制改革的有益探索,也是有关市场经济国家通行的做法。该条例应当重点规范和完善授权主体、授权对象、授权内容、授权程序以及被授权企业的监督管理等方面的问题。

①俞可平.治理与善治[M].北京:社会科学文献出版社,2000.

(2)《中小企业重大事项管理办法》,该办法应当重点确定中小企业重大事项的范围、标准以及批准程序等,做到既避免过分干预,又切实将中小企业资产的骨干部分纳入监管的范围。

(3)《中小企业资产监管工作指导监督办法》,主要针对中小企业监管机构的权限范围制定。重点规范、加强中小企业资产监管指导监督,理顺上下级监管机构之间的指导监督关系。

(4)《企业负责人管理办法》,主要规定按照中小企业负责人的选人用人的制度,解决当前企业负责人的任免、推荐和更换工作等。

(5)《企业职工收入分配调控办法》,该办法应当明确中小企业资产监管机构对企业工资总水平调控的原则和方式,既反对平均主义,又防止收入悬殊,侵害中小企业资产所有者的权益。

(6)《中小企业资产收益监缴办法》,主要规定中小企业税后利润的分配制度,监缴企业资本的收益。

(7)《企业效绩评价办法》,该办法应当规范企业效绩评价的内容、指标、实施机构和组织程序,提高评价质量,以加强企业的监督管理。

通过上面中小企业资产监管法律体系的构建,我们就可以从宪法层面、法律层面、法律和规章等层面完善中小企业资产监管的法律体系,将中小企业资产监管的行为纳入法治化轨道。

第二节　中小企业资本监管法律体系构建观念上的更新

健全中小企业资本监管法律体系是法治社会的必然要求,这种法律体系的健全要求中小企业资本监管的各个方面均有法律依据,从而用法律来规范中小企业设立、运行、监管和消亡等各个方面。具体表现在以下几个方面:

第一,依法设立。国有企业的设立都是有法可依的,或根据专门立法，或依据《公司法》，这在一定程度上保证了国有企业的独立地位和经营自主权，限制了政府的过度干预。中小企业的社立也应和国有企业一样。第二，依法或依章管理。国家应以法律形式明确规定中小企业所有者与企业的责、权、利关系，以及中小企业所有者行使出资人职能的方式。这从制度上避免了相关机构对企业的无端或不当干预，也保证了中小企业资产管理的可预测性。第三，依法改革。有关国家对中小企业的改革应当先制定法律，以法律形式确定改革目标、实施办法等。第四，依法监督。制定要求中小企业接受外部监督和国家审计的法律，或者法律规定允许政府向企业派驻监事、要求中小企业进行信息披露。有些国家甚至专门为某个国有企业立法，并且立法的层次比较高，多由国会通过。如美国除制定了《标准公司法》外，每成立一个政府公司即由国会通过一个单行法规，详细规定公司的运行规则，虽然立法成本比较高，但是能够保证法规的针对性。1933年5月18日，针对罗斯福总统提出要求国会创造一个“批着政府权力的外衣但具有私有企业灵活性和主动性的公司”，美国国会通过了专门针对田纳西河流域的立法——《田纳西河流域管理局法》，成立田纳西河流域管理局（Tennessee Valley Authority，简称TVA）。《田纳西河流域管理局法》授权TVA行使管理权，并在法律中规定了TVA的任务，包括灌溉、减少洪水危险、提供买得起的可靠电力，以及创造机会、供水、改进水质、促进可持续发展等。在TVA的经营过程中，TVA具有很大的经营自主权，但这并不说明总统和国会对TVA不具有保留权力。作为一个所有权国有的企业，国家的控制是严格而有效的。这主要表现在：总统每四年可以重新任命TVA理事会的3名成员，或者只撤换其中2人，以此来改变理事会的政策方向。国会的权力则表现在控制贷款上。因为除了电力部门外，TVA始终需要国会一年一度的拨款来保证其它目标的实现。韩国也注重通过中小企业资产的立法加强中小企业资产监管，韩国尤其注重从法律层面上规范中小企业资产监管，针对中小企业资产监管共颁布了8部法律，较好地解决了中小企业资产监管的法制化问题。

反观我国中小企业资本监管法律体系的构建，则任重而道远。观念上的更新，理念上的重塑或许是前进的第一步。总结经验教训，我们可以看到，首先我国在以往的实践中，管理国家主要是依靠权力以及与之相适应的行政手段，国家权力的触角深入社会经济的各个领域、环节和层次。管理经济的方式和手段是执政党和政府的政策文件、党报的社论、领导人的讲话和指示等，总之是权力者的各种指令。法律基本废置，即使作为"统治工具"也不肯采用。这种"法律虚无主义"在以往的中小企业资产监管中表现也比较突出。改革开放以后，我国开始注重依靠法律来管理国家，但是在立法观念上，权力思想仍旧存在，以至于在立法实践中不太注重法律的规范作用，而过分强调法律的保障作用。许多立法强调的是企业和民众对国家的义务和责任，他们的权利并未得到应有重视。[①]有些企业家拿着报纸上刊登的法规纳闷：这上面规定的都是我们这样、那样的义务。一些企业界人士抱怨说：每多颁布一部法规，企业就多了一个"婆婆"，身上多了一条绳索，还多给了主管机关滥用特权和腐败的机会和法律依据。这两种现象在中小企业资产监管立法上表现得尤为突出。从世界范围内来说，我国的中小企业资产比重和中小企业资产的总量应当居于前列，然而从中华人民共和国成立到现在为止，我国对中小企业资产的监管主要还是依靠为数不多的法规、规章，至今还没有一部全面的中小企业资产监管法，即使这些为数不多的法规、规章，也主要是为了保障这些监管机关的权力，并没有体现民众的意志和维护民众的权利。中小企业资产监管立法应当是规范和保障中小企业资产监管行为的立法，不能将中小企业资产监管立法只看作"授权"法，而更应当将中小企业资产监管立法当作"控权（力）法"和"维权（利）法"。

其次，我国中小企业资产监管立法中，并不重视从宪法的高度来看待中小企业资产监管立法。《宪法》是我国的根本大法，是具有

---

①彭芳春，陈李宏，徐浩. 中小企业融资与民间金融资本对接的可行性分析[J]. 改革与开放，2019(09).

最高效力的法律。宪法具有最高效力，是宪政国家、法治社会的基本前提和重要特征。一切宪政国家、法治社会的制度措施的落实都最终依赖于宪法效力，宪法效力关乎国家安危和社会稳定。[①]我国《宪法》第5条就规定了宪法的最高效力。另一方面，从法的公平和正义价值来说，法是由规范体系和价值体系构成的整体，而宪法乃是国家的根本法，是全部法律秩序的根基；宪法正义是下位阶的法律、政策、行政和司法正义的前提和基础，换而言之，宪法正义是一种"至上位阶的正义"，而法律、法规、行政和司法正义则是位于宪法正义之下的"下位阶正义"。就此而言，当下位阶的法律、政策、行政和司法缺少正义或正义受到威胁时，其合宪性自然就受到质疑。因此，在中小企业资产立法中要坚持从宪政的高度来重新构建中小企业资产监管法律体系。

第三节　中小企业资本监管法的完善

一、中小企业资本监管立法权及程序方面的完善

我国中小企业资产监管立法中，存在着立法权不清晰、立法程序混乱等问题，一些地方和部门从本地方、本部门利益出发，提出了一些法律草案，一些利益集团也利用自己的资源影响立法，以期保护自己的既得利益。为了理顺我国中小企业资产监管立法，做到依法监管我国中小企业资产，笔者认为应当从如下几个方面对中小企业资本监管立法权及程序方面进行完善。

1. 为了防止立法权的混乱无序行使，必须对立法依据进行合理确定。无论是国家权力机关的立法，还是国家行政机关的立法，都

①彭芳春，陈李宏，徐浩. 中小企业融资与民间金融资本对接的可行性分析[J]. 改革与开放，2019(09).

必须有相应的法律依据，否则，立法职权无从行使。[①]在我国，《宪法》处于最高地位，具有最高的法律效力。这就意味着，进行中小企业资产监管立法，务必遵循宪法的根本精神，不得与宪法相违背、相抵触。否则，任何立法应归于无效立法，即应废除或者修改。从我国的立法实践来看，全国人大及其常务委员会和国务院及其主管部门等中央级机关制定的法律法规，并不存在违宪的情况。但是一些地方性立法，为了保护狭隘的局部利益，而出现了一些违宪的情况，为了维护宪法的权威，对这些违宪现象务必严加禁止。

在强调《宪法》作为全部中小企业资产监管立法活动的最高法律依据的同时，我们还应注意到中小企业资产监管立法依据的层次性。具体来说，全国人大的立法，应以宪法为依据；全国人大常委会的立法，应以宪法和全国人大的基本法律为依据；地方各级人大的立法，应以宪法、法律、国务院的行政法规、其同级及上级的地方国家权力机关的地方性法规、各相应的上级国家行政机关的行政规章为依据；若是最高国家权力机关授权的国务院立法，除了以宪法、法律为依据，还应以有关的“授权立法”为依据。

2. 中小企业资产监管立法权限正确清晰划分，是避免中小企业资产立法权冲突的有效措施

处于社会主义立法体制中的各类立法主体，均是根据各自的立法权限来开展立法活动的。因此，相关企业的立法权限必须进行正确、清晰的划分，否则，各立法主体各行其是，容易导致各立法权间的相互摩擦与冲突，不利于中小企业资产监管的法律规范的稳定与统一。

根据《宪法》及有关组织法的规定，笔者认为我国中小企业资产监管立法权限的划分，基本上表现在以下三个方面：

首先，国家权力机关与其常设机关之间立法权限的划分。例如我国全国人民代表大会的立法权限，主要包括修改宪法，制定、修改基本法律。[②]全国人民代表大会常务委员会的立法权限，主要包括

①朱芒．功能视角中的行政法[M]．北京：北京大学出版社，2004.
②朱芒．功能视角中的行政法[M]．北京：北京大学出版社，2004.

制定和修改应当由全国人大制定法律以外的其他法律，在全国人大闭会期间，对全国人大制定的法律进行部分补充与修改，解释宪法、法律，撤销行政法规、地方性法规。

其次，国家权力机关和国家行政机关立法权限的划分。严格来说，我国立法机关是国家权力机关，行政机关只是权力机关的执行机关，故权力机关和行政机关不存在立法权限的划分。但是，行政机关为了更好地执行权力机关制定的法律，常常制定出大量的实施细则等辅助性法律文件，从这种意义上讲，认为权力机关与行政机关之间，存在立法权限的划分问题，也不是没有道理的。以全国人大及其常委会和国务院为例，国务院的立法权限是根据宪法和法律，制定行政法规，国务院的行政法规，大部分是根据宪法规定，基于其本身的立法权能而制定的。[①]同时，随着改革开放进一步深入，出现一系列亟待解决的问题，涉及面广，而内容复杂，本应由全国人大及其常委会通过国家立法制定成法律加以解决，但由于缺少必要的实践经验，故全国人大及其常委会往往授权国务院立法，以适应经济发展和改革开放的需要，同时，积累经验，为最高权力机关的立法创造条件。

再次，中央和地方立法权限的划分。中央和地方立法权限的划分实际上反映了中央和地方之间的相互关系的一个侧面，与国家结构形式的关系密不可分。我国是统一的、多民族的、单一制的社会主义国家，全国只有一部《宪法》以及以此为基础的一套完整的法律体系。这是一项不可动摇的立法原则，任何地方立法都必须坚持。[②]但是，由于我国幅员辽阔，各民族、各地区的经济文化发展不平衡，故在坚持法治统一的前提下，可采取一定程度的灵活性，给地方以一定的立法自主权；同时，中央与地方立法权限尤其是中小企业资产监管方面立法权限的划分，既不宜采取一一罗列的“列举主

①康冰清．经济政策不确定性对中小企业投资的影响[D]．天津：河北工业大学，2017.

②朱芒．功能视角中的行政法[M]．北京：北京大学出版社，2004.

义”,又不宜采取原则规定“概括主义”,而宜采取“列举主义”和“概括主义”相结合的办法。

根据《宪法》及有关组织法,各级地方人民代表大会制定的地方性法规的权限大致如下:为保证《宪法》、法律在本地区实施而制定的实施细则、办法等;对涉及当地人们切身利益的问题制定和颁布的条例、决议、办法等;民族自治地方根据本民族的特点颁布的自治条例、单行条例等。总之,通过立法权限的划分,在全国范围内,从中央到地方,形成一个由不同等级、层次的立法主体组织的结构合理、内容完备的立法体制,避免了立法权的摩擦和冲突,充分发挥立法体制的整体功能。

3. 为了实现立法权的协调有序地顺利实现,还必须对立法程序进行合理有序的安排

立法权作为一项实体权利,是通过一系列的连续性行为实现的。我们把实施立法权的这些连续性行为,依阶段划分,排列出先后次序,这就是立法的持续。立法工作所固有的特点,决定了必须严格遵循法定的程序,否则,就难免发生混乱。

根据我国现阶段的立法理论和立法实践,立法程序大致包括规划、起草、讨论、通过、颁布五个阶段。其中规划和起草是立法工作的准备阶段,讨论和通过是立法工作的关键环节,法律、法规的颁布标志着立法程序的终结。

4. 加强立法监督,是维护中小企业资产监管法制统一的有力保证

我国宪法对于法制统一的问题,已规定得非常明确。但由于现实生活的复杂性以及理论与实践在一定程度上的相互脱节,在立法中,违反法制统一的现象时有发生。因此,我国《宪法》和有关法律,就撤销与《宪法》、法律相抵触的规范性文件等问题作了规定。立法的监督,不仅是一种消极的监督,还应是一种积极的监督,即不是单纯对已经发生的合理和不合理的法律规范进行撤销或改变,而更应强调对生效前的法律规范的审批与批准,尽可能做到防患于未然。

健全中小企业资产监管法律体系，路途还很长，要使中小企业资产监管进入法治轨道，急需制定一部全面的监管中小企业资产的基本法。在中小企业资产基本法的制定过程中，学术界与实务界存在很多争议，主要争议的内容是中小企业资产法的定义、范围、相关机构的定位等。

二、中小企业资产监管法的具体内容之争及完善

（一）中小企业资产监管法的定义之争

作为我国中小企业资产法调整对象的中小企业资产关系，是指中小企业资产的运营者、管理者、投资者、占用者和其他主体，在中小企业资产运行过程中发生的，以中小企业资产所有制为基础和核心的社会关系。在中小企业资产立法的定义上，有的学者认为，中小企业资产法是调整中小企业资产管理关系的法律规范的总称。[①]有的学者认为，中小企业资产管理法是调整在对中小企业资产进行管理过程中发生的经济关系的法律规范的总称。有的学者认为，中小企业资产法，是指调整中小企业资产关系的法律规范的总和。还有的学者认为，中小企业资产管理法是调整国家对中小企业资产管理以及国家对中小企业资产占有者在占有、使用、收益和处分中小企业资产进行管理过程中发生的社会关系的法律规范的总称。

笔者认为，上述对中小企业资产法的定义都认识到了国家与中小企业资产之间的关系，定义之间的差异只在于中小企业资产监管的主体和对象上。基于中小企业资产的所有权是中小企业的所有者，那么中小企业资产法可以定义为：中小企业资产法是调整国家在对中小企业资产进行监管过程中发生的社会关系的法律规范的总称。

（二）中小企业资产监管法的调整范围之争及完善

经反复研究笔者认为，中小企业资产范围很广。有一种划分方法将中小企业资产大体分为三类：一是经营性中小企业资产，即由中小企业所有者、创办者、投资人、管理者三类划分方法，重新组织，

①张晓莉．中小企业怎样走出融资困境[J]．人民论坛，2018(02)：86-87.

目前中小企业众多，需重新分类对企业所形成的权益；二是行政事业性中小企业资产，即由国家机关、国有事业单位等组织使用管理的中小企业资产；三是资源性中小企业资产，即属于国家所有的土地、矿藏、森林、水流等自然资源类的资产。在中小企业资产法的调整范围上，学术界主要存在三种意见。

第一种意见认为中小企业资产法的调整范围目前应当仅限于经营性中小企业资产。理由是：一方面，经营性中小企业资产占了中小企业资产总量的绝大部分，在国民经济中占有重要地位。[①]国有经济总量仍在增加，质量在不断提高，控制着国民经济命脉，对国民经济发展的支配力、控制力、带动力在不断增强。如何经营管理好经营性中小企业资产，对搞好国有企业，发展壮大国有经济，促进国民经济发展，巩固我国社会主义经济制度、政治制度的基础至关重要。

第二种意见认为制定一部涵盖所有方面的中小企业资产法条件尚不成熟。目前，应只对经营性中小企业资产和行政事业性中小企业资产进行规范，不宜将资源性中小企业资产纳入调整范围。[②]其理由主要有：一是资源型中小企业资产分布范围广且难以准确量化，与行政事业性中小企业资产和经营性中小企业资产性质差异较大；二是资源型中小企业资产已有相应的法律进行规范，而且这些法律比较成熟，没有必要再把资源型中小企业资产纳入中小企业资产法的适用范围；三是目前国有经济结构调整和国有企业改革尚未完全到位，中小企业资产管理体制和管理方式还在不断完善，许多问题尚在探索之中，搞一个涵盖所有方面的中小企业资产法，条件还不成熟。

第三种观点认为，中小企业资产法应尽量涵盖全部中小企业资产。原因在于，在现实经济活动中，行政事业性中小企业资产和资源型中小企业资产已经成为中小企业资产的重要组成部分，作为中小企业资产监管法的中小企业资产法，应当克服《企业国有企业资

①朱芒．功能视角中的行政法[M]．北京：北京大学出版社，2004.

②张晓莉．中小企业怎样走出融资困境[J]．人民论坛，2018(02)：86-87.

产监督管理暂行条例》的不足,对全部中小企业资产做出规定。

对于中小企业资产法的制定,既要考虑中小企业资产管理法作为一个中小企业资产管理的基本法,应当涵盖全部中小企业资产的管理,保持中小企业资产法的稳定性。但是另一方面也要考虑到我国中小企业资产监管的现实状况。我国中小企业资产监督管理委员会目前主要是监督管理经营性中小企业资产,而行政事业性中小企业资产并不是中小企业资产监管的重点,各级行政机关已经形成了对行政事业性中小企业资产的行之有效的方法。且行政事业性中小企业资产并不是中小企业资产流失的主要来源。而对于资源型中小企业资产的管理,已经有专门的行政部门统一管理,如国土资源部对国有土地的管理,水利部对水利设施的管理、国家林业局对树木的管理等,这些部门有专门的法律作为管理依据,也成立了专门的执法队伍,从某种程度上说,这些单位的监管比中小企业资产管理委员会的监管更为严谨、有效。这些管理依据已有全国人大及其常委会通过的法律。因此在中小企业资产的调整范围上,笔者认为,总体上要对所有中小企业资产做出规定,但是这种规定应主要集中在中小企业资产法第一章中,规定行政事业性中小企业资产、经营性中小企业资产和资源型中小企业资产的监管原则,而并不对行政事业性中小企业资产、资源性中小企业资产的具体监管做出详细规定。在中小企业资产法其他内容上,如中小企业资产的经营使用、处分收益等方面,主要规定经营性中小企业资产的行为,这样从体例上保持了中小企业资产法的全面性,但是在内容上可以对经营性中小企业资产起到规范指导作用。

全国人大对为什么没有制定一部全面的中小企业资产法的解释为:在草案起草初期,确实是曾考虑过制定一部全面的中小企业资产法。上文讲过中小企业资产大体分为三类,这三类中小企业资产在功能和监管方式等方面有较大不同,都纳入一部“大而全”的法律全面调整,立法难度会大大增加,这是从立法可行性上看。[1]从立

①朱芒. 功能视角中的行政法[M]. 北京:北京大学出版社,2004.

法迫切性看,目前对行政性中小企业资产的管理,已有国务院及国务院有关部门制定的相关行政法规、规章和有关规范性文件加以规范;有关国有自然资源的权属及其保护和开发利用等,除《中华人民共和国民法典》外,已有《中华人民共和国土地管理法》《中华人民共和国矿产资源法》《中华人民共和国森林法》《中华人民共和国水法》《中华人民共和国海域使用管理法》等相关的专门法律调整;而经营性中小企业资产在中小企业资产中占有很大比重,具有特殊的地位和作用,实践中迫切需要专门立法的问题较为突出,各方面对中小企业资产的关注,也主要是集中在确保经营性中小企业资产的保值增值上。因此,可以先制定一部适用于经营性中小企业资产,即企业中小企业资产的法律。但是这种做法只是权宜之计,毕竟,作为专门的立法机关,立法难度大并不能作为解释对其他中小企业资产不作规定的理由,如果确实存在中小企业资产监管立法的紧迫性,完全可以对所有的中小企业资产做出总体性规定,具体的规定可以在今后的立法实践中逐步解决。

第四节　完善中小企业资本监管法律体系的建议

我国资本市场是典型的新兴市场,政府是市场的积极推动者。资本市场监管是资本市场规范和发展的保障,如果没有资本市场监管就没有资本市场今天的成就。[①]然而,我们也应当看到,我国资本市场存在种种令人担忧的问题。通海高科、麦科特、郑百文、蓝田股份、银广夏等"地雷"相继引爆,违规行为充斥市场,信息披露不真实普遍存在;上市公司治理结构不完善,证券商挪用客户保证金,机构操纵市场;证券中介机构违背职业道德与上市公司共同作弊,严重侵害中小投资者利益;资本市场监管力度不够,对违规行为的查处

①俞可平.治理与善治[M].北京:社会科学文献出版社,2000.

滞后而无力。面对这些问题和缺陷,资本市场监管受到市场各方的质疑和批评。

事实上,监管与市场相伴而生,资本市场的逐步发展与资本市场监督法律制度的完善相辅相成。与此同时,学习国际资本市场的成功经验,特别是以美国为代表的西方发达国家的资本市场监管的成功经验,在资本市场监管方面按照国际规则或惯例运作,也是发展和完善我国资本市场监管体系的必要环节。尽管我国资本市场与发达国家资本市场之间存在着种种差异,表现为社会制度不同、法律体制不同、发展水平不同、资本市场成熟程度也不同,但监管目标是相似的,其基本经验对我们具有一定参考意义。在对资本市场监管法律制度进行国际比较和分析之后,下文将着重对我国中小企业资本市场监管做一番探讨,通过借鉴国际先进制度和经验,希望对构建我国中小企业资本市场监管法律体系有所裨益。

一、健全调查取证制度

如前文所述,为了保障监管执法效率,美国证券交易委员会(Unitde States Securities and Exchange Commission,SEC)被有关法律授予充分的调查权力。在这方面SEC有三项重要权力:一是强制做证。美国《证券交易法》第21条款规定,SEC可以签发传票,强制证人做证或提供文件材料。如果证人不执行,SEC可以向法院申请发出司法令,命令被调查人员执行SEC的传票。若拒绝法院命令,将导致藐视法庭罪,会带来严重的民事和刑事后果。二是不得做伪证。在正式调查中,SEC要求证人宣誓,以保证其所言属实。如果证人说谎或提供不实证据,SEC可将此案移交检察官,追究证人的伪证罪或向政府说谎罪。三是禁止反言。被调查人做出的证言、提供的证据,应该诚实客观,不得随意更改,否则自食其果。此外,SEC还鼓励被监管者配合调查。若被监管者主动加强自身检查及内控,自觉向监管机关交代违法违规事实,积极配合调查并采取措施加以纠正,SEC可给予一定的积分,认定其具备一定的合作信誉。对有合作信誉者，SEC可给予某些“宽大”处理，包括不予立案，减少指控，减轻制裁，允许在和解公告中加入语气“缓和”的表述。为了取得合作积分，被监管者就必须证明自我监管已取得成绩，并积极配合SEC执法。

我国的《证券法》中虽有要求被调查者配合调查的条款，但没有相应的罚则，缺乏执法保障。因此，在我国资本市场监管的法律体系中，我们也应该考虑建立一种机制，鼓励配合调查，进一步明确不配合调查的法律责任，以保障管理机构的调查权力。此外，还可以考虑建立合作积分制，鼓励被监管者自查自纠，对有合作信誉者可给予积分奖励、暂缓立案、减轻处罚等优惠，以减少执法阻力，提高监管效率。

二、建立司法协作制度

在美国，SEC除了对违法行为的追究可做出相应的行政裁量外，还可以作为民事诉讼的一方向法院提起指控，要求被告承担民事责任，包括冻结资产和交易，退还非法所得等。对于恶意违法的案情，SEC还可以移交美国司法部，并协助检察官提起指控。在某些情况下，司法部门可临时任命SEC官员担任检察官特别助理，协助调查案子。SEC也可以为刑事主管机构或联邦调查局提供技术支持。SEC与司法机关密切协作，具备了通畅的并行渠道，可以及时简捷地申请司法令，便于严厉、快捷打击市场违法行为。

我国在现有体制下，可以探索多种形式的司法提前介入的方式，建立通畅的协商与共同办案机制。[①]为了达到相同的监管目标，可以探索联合办案制度，建立与法院系统的司法冻结制度，以及与检察机关的司法协作制度，同时启动刑事、民事和行政调查程序，提高办案效率。英国著名法学家阿蒂亚曾经指出，“就算世界上有一种完美的法律制度，如果公众无法利用这一制度，那么制度再好也是没有多大用处的”。因此，制度的完善还有赖于一个与之相适应

①张晓莉．中小企业怎样走出融资困境[J]．人民论坛，2018(02):86-87.

的可操作的诉讼机制。从我国的具体情况来看，简化诉讼程序、提高诉讼效率是一个重要的现实问题，在刚刚起步的民事诉讼机制中存在的缺陷已经妨碍了对欺诈性行为的惩戒和警示效果。[1]应该看到，我国的司法协作制度并未形成良好的运行基础，相关配套的法律法规并没有建立起来，尤其是司法实践中民事诉讼机制的缺位，造成了立法和执法衔接过程中存在许多待解决和完善的地方。

证券欺诈民事责任主要是侵权责任，以损害赔偿为主，因此，通过使用反欺诈条款追究当事人的侵权责任是建立在对侵权责任追责机制的有效法律程序之上的。在我国，需要加强政府监督，但完全依赖政府监督是不现实的。我们还应该鼓励投资者通过民事救济方式进行监督，并利用个人诉讼来惩治违法行为。一旦这种监督职能得到发展，它的力量是任何政府法规都无法比拟的。在美国，反欺诈的救济措施在很大程度上依赖于集团诉讼机制。集团诉讼是指在法律上允许一人或数人代表其他具有共同利害关系的人提起诉讼，诉讼的判决对所有共同利益人有效。它对于维护投资者合法权益，遏制证券违法行为具有特殊的作用。我国的代表人诉讼机制就是在吸收借鉴美国集团诉讼制度立法经验的基础上确立的。民事责任制度就是通过设置完善的事后救济通道为投资者提供切实的安全保障。由此建立起来的侵权责任追责制度将赋予受害人与违规行为相抗衡的动力与能力，并在基金市场内部派生尊崇规则的观念，因此，将民事证券诉讼机制引入资本市场监管，建立披露信息的责任机制，不仅保护投资者的权利，而且避免了管理机构缺乏人力、物力、执法困难、限制市场欺诈行为的效率，从而推动资本市场成为一个合理的投资场所。

三、强化行政审裁制度

美国的SEC是一个具备准司法性质的机构。按照美国相关法律，在SEC总部内设有行政法官办公室，负责听证和审裁SEC调查

①朱芒. 功能视角中的行政法[M]. 北京：北京大学出版社，2004.

的案件。行政法官的听证和审裁是独立的,SEC无权解雇和调换行政法官。当事人若不服行政法官的判罚,可向SEC五人委员会及上诉法院提出申诉。这种相对独立的审裁制度安排,可以充分积累和应用行政法官的专业性,提高审裁的效率,有效保障执法的公平与公正。鉴于此,我国应探索加强行政执法制度,并探讨建立处罚前的听证制度,以适当的方式建立"控辩对抗"机制,提高司法公正、独立和效率,改善我国的市场体制。

美国资本市场监管的特点之一是注重及时制止,发挥矫正功能,这也是行政审裁制度的具体体现。及时检测和及时预防是衡量监控质量的重要指标。这不仅反映在对低层次市场纠纷的快速决策上,也反映在对重大违法案件的快速反应上。这两方面都取决于执法体系和预案机制的建立。为了加强监管的强制性和及时性,SEC采取了四种形式的及时制止措施:一是交易所及时报告。在二级市场上,如果交易所通过其监控发现异常,必须立即采取询问和自律监管措施,并向SEC报告,由后者甄别并做出处理。二是及时暂停交易。SEC可考虑运用各种交易暂停制度,在启动执法程序之前,快速防止潜在欺诈行为,提醒投资者关注。三是非正式调查。在发现违规行为时,SEC立即进入非正式调查,要求当事人提供资料或参加做证,但不发传讯令。若案情不严重,当事人又积极配合,可不进入正式立案程序。若案情严重或当事人不配合,则可正式立案。这种方式可以及时化解违规风险,降低执法成本。四是发出禁止令。为了及时制止市场上的不当行为,美国国会授权SEC发布禁止令。一旦收到此令,当事人必须立即停止所禁行为,对禁止令的违反将导致进入SEC向法院申请执行程序,因而具有很强的威慑力。

制度的强制实施是制度存在的保障,行政执法效率直接决定着行政监管高低的效率。现阶段,我国资本市场中存在的一个突出问题就是"资本市场监管体制和监管力度尚不能适应资本市场的要求,有法不依、执法不严、违法不究的现象仍然存在"。因此,将我国资本市场监管和发展的重心从立法转向执法，加强执法力度，建立有效的行政执法机制，将成为我国未来资本市场监管法律体系运作的重要方向。当然，证券行政监管犹如一把“双刃剑”，其永远在过度与不足之间寻求平衡。适度监管往往与市场特征密切相关，并反映在管理机构对违法违规行为的态度、对违法行为的处罚等方面。其中最基本的原则是建立一个公平、公正、公开和透明的管理体系，并始终遵守该制度，以确保市场信誉不受侵犯。因此，我们必须真正改掉“有法不依、执法不严、违法不究”的弊端。通过准确地定位管理机构的职能，让管理机构处于“有所为有所不为”的位置。尤其需要充分利用地方管理机构的力量，厘清行政责任，逐步建立定期或不定期的监察制度，通过公平监督营造一个良好的外部环境、执法环境。

四、引入专家鉴证制度

资本市场上的违规行为与正常的交易活动是关联在一起的，认定和判断十分困难。经济犯罪又被称为“白领犯罪”，即违法人均有相当的专业背景，由此会出现违法人把侦查办案人员“问倒”的情况，这就相应地需要“白领警察”的出现，才能在调查、取证、审讯等诸多环节掌握主动。[①]从我国的实际情况来看，证券类案件大多存在一定时间内“侦查无结果、移送不起诉、起诉不受理、受理不开庭”的状况。除了证券犯罪调查难、取证难、认定难之外，相关部门在证券专业知识上的欠缺不可小视。而且，证券犯罪手法翻新较快，不断有新的罪名需要相关部门学习和认定。如果案件进入刑事司法审判程序以后，不能及时惩处犯罪嫌疑人，则难以起到震慑市场、减少犯罪的效果，同时，行政监管的威力也将大打折扣。

美国SEC在认定和判断证券违规行为时，通常依靠专业证人，包括来自相关政府机构、部门、高等院校的专家学者。从我国的具体情况来看，可以借鉴美国证交会的做法，建立一个相对独立、松散

①朱芒．功能视角中的行政法[M]．北京：北京大学出版社，2004.

的专家咨询机构，为司法部门的认定工作提供一些专家咨询意见，为司法部门提供专业支持，从而提高调查和处罚的合理性，降低行政诉讼风险的发生。

五、灵活运用和解制度

在美国，超过50%的案件是在正式法律程序之前通过和解程序解决的，还有大约40%的案件是在诉讼之中解决的，只有大约10%的案件是通过整个诉讼程序解决的，或者是由主审程序处理的。在监管执法中，美国SEC鼓励进行仲裁、和解及辩诉交易。仲裁是由自律组织管辖的仲裁法庭完成的，主要解决投资人与经纪人及交易商之间的纠纷。和解是SEC的执法部门和调查对象达成的书面解决方案。辩诉交易实质上是和解在刑事层面上的运用，即由当事人和刑事监控员达成辩诉谅解协议。SEC绝大多数案子是经由和解结案的。[①]和解结案有四个基本前提：一是执法人员掌握一定证据及线索；二是被调查人提出和解要求，并与执法人员达成谅解备忘录，承诺认罚并保证不起诉；三是被调查人须向SEC提供宣誓证词，说明其在调查中已向SEC按要求提供了所有记录和文件；四是和解方案须提交SEC的五人委员会进行审查和批准。

目前，在我国还没有和解法律规定，事实上，它只反映在一定程度上的行政程序和民事庭外和解。为了降低执法成本，提高执法效率，我们应该了解和解制度的产生及存在的问题，研究和起草相关的司法法规，或者通过非正式调查，力争在和解制度中取得突破。

六、注重对投资者的保护救济制度

证券立法的直接目的在于通过对投资者利益的保护以维护资本市场功能的正常发挥。美国SEC在保护投资者方面更加注重补偿原则，并采取了以下具体措施：一是衡平救济。美国《证券交易法》第21条和《萨班斯—奥克斯莱法案》第305条规定："在由SEC依据证券法提起的任何诉讼程序中，SEC可以为了投资者的利益而采

①俞可平. 治理与善治[M]. 北京：社会科学文献出版社，2000.

取衡平法上的救济,法院对此应该允许。"也就是说,即使法无明文规定,SEC也有权采取其认为合适的救济措施。二是吐出非法所得。基于平等原则,不法行为者应将非法所得归还受害者。SEC一直在行使这项权力,要求违规者吐出非法所得,归还或赔偿给受害人。三是设立"公平基金"。在《萨班斯—奥克斯莱法案》出台之前,吐出的非法所得可用以支付投资者索赔,民事罚款必须上交美国国库。而《萨班斯—奥克斯莱法案》第308条款规定,"允许SEC设立'公平基金',罚款也一并归入基金,用以赔偿受害投资人。"四是设立投资者援助机构。SEC非常重视对投资者的援助和保护,单独设立了"投资者培训援助办公室",专司投资者教育、援助、警示及受理投诉,及时回应投资者提出的问题与请求,通过不定期举办"投资者会议",开展与投资者的交流活动。

保护投资者是监管立法的最高标准。长期以来,中国政府部门更多地强调资本市场的融资功能,而忽视投资功能。事实上,融资与投资是不可分离的。投资是融资的源泉,没有投资就没有资本市场。因此,保护投资者应当始终作为监管立法的最高标准。建立和完善对投资者的保护救济制度是中国资本市场监管的良好开端,也是中国资本市场发展的坚定基石。中国政府有关部门应当转变监管立法理念,加大对违法案件的查处力度,切实保护投资者的合法权益,保持资本市场赖以生存的根基不动摇。中国资本市场正在迅速发展,而在保护投资者方面仍然存在许多亟待解决的问题,这说明完善资本市场监管法律制度任重而道远。

七、完善对基金管理人的监管和激励制度

证券投资基金作为一种金融中介组织,是金融体系中的一个有机组成部分,它被认为是金融结构发展的结果,是推动金融结构优化,提高金融效率的重要因素。基金管理人是基金资产的实际控制人和决策者,是举足轻重的市场主体,也是重要的监管对象。对基金管理人的监管法律制度是保证基金健康发展的前提条件,也是保护

基金投资者利益的有效工具。投资基金走过的100多年的历史,实际上就是基金制度不断创新的历史,而基金制度不断创新、完善和发展的结果必然是基金管理人监管法律制度更加健全,因为从本源上看,投资基金是为投资者设计的投资制度,其“原始功能”就是为投资者带来资本的增值。基于此,需要进一步研究以切实保护投资者利益为己任的基金管理人监管制度,实现对基金管理人的有效监管。

(一)加强对基金管理人持续性信息披露的监管

目前,我国基金经理信息披露制度还不完善,缺乏持续的信息披露,在信息披露方面,广泛使用公开上市基金文件代替基金经理信息披露,使基金投资者对基金经理的情况了解较少。同时,某些基金管理人还人为地操纵基金净值的计算和公布,甚至利用信息披露规则上的纰漏,采用巧妙的规避手段,绕过了重要的持仓变化情况,这些都造成了基金管理人信息披露上的风险。对此,应当严格对基金管理人的信息披露规制,改进基金管理人的信息披露形式。

保持及时准确的信息披露是基金监管的重点,也是保护基金持有人合法权益的重点内容,在法律上,基金投资者有权要求基金管理人及时向投资者披露基金投资的状况、控制过程以及基金资产的规模变化。这是基金投资者决定投资决策的基本信息来源。对于证券投资基金来说,信息披露的质量和及时性是非常重要的。[①]“阳光是最好的消毒剂”,强制性信息披露制度可以增强投资者对基金管理人投资的信心,在一定程度上也能够保证基金管理人尽职尽责。因此,信息披露从一开始就是各国资本市场监管部门关注的焦点,成为证券和基金法律制度中不可缺少的规则。这一方面是由于监管人普遍认为信息不对称是资本市场安全性的最严重威胁;另一方面,也是由于信息披露最容易受到基金投资者的批评,因为有效的投资决策取决于投资者获得信息的数量和质量。在信息披露的

①杨琦.我国中小企业技术创新对经济增长的贡献研究[D].北京:国际关系学院,2019.

当事人中，基金管理人希望通过信息披露获得基金投资者的认可，投资者希望通过信息披露获得决策信息，而监管人则希望通过提高信息披露质量达到促进市场效率提高的目的。

为了实现对基金管理人的有效监管，应当要求基金管理人对未来的或已有的客户提供某些关于基金管理人自身的书面披露材料，并编辑在一个小册子里，目的是确保客户能够取得某些基本的关于基金管理人背景情况和商业活动的信息，例如，基金管理人所提供的管理服务的种类、使用的证券分析方法、佣金结构、投资顾问和相关人士的教育及从业背景情况等。披露文件册的形式和类型取决于基金管理人所提供的管理服务的形式和类型。具体来说，基金管理人有义务就其财务状况和法律纠纷或违规违纪的现实和历史情况做出披露。就财务状况而言，应当披露所有可能削弱基金管理人满足其契约性承诺的能力的财务状况。

除了要形成完善的信息披露监督机制，还要建立以风险为基础的基金信息披露制度。风险披露应划分层次，对一般投资者和高深投资者提供不同程度的披露。在披露方法上，风险披露要图表化、数量化和标准化，使基金风险披露具有可比性和前瞻性。风险披露要能够使独立的第三者进行风险评估，这样做的最大优点是披露具有独立性和前瞻性。风险披露不只是基金管理人的责任，基金的关联机构如证券公司、银行等也有责任进行有关的风险披露。

基金管理人的信息披露必须有利于投资人的投资决策，这就需要信息披露具有针对性并重点突出，包罗万象的冗长披露不利于投资人在不同的基金管理中进行区别。这一点已被许多实证研究所证实。适度的信息量有利于投资人的判断。[①]因此，可以考虑对目前的披露格式进行简化，将许多基金管理人所需披露的相同内容或与投资人对基金判断不必要的信息材料转移到披露格式的其他部分，由投资人选择阅读，突出“核心”信息内容部分，在形式与内容上

①张乐乐．基于互联网金融的中小企业二次创业融资问题研究[D]．北京：北京邮电大学，2019.

体现基金管理人信息披露的简明原则。

(二)规范基金的广告活动

基金的广告活动属于自愿性信息披露的范畴。自愿性信息披露具有非强制性,其价值在于推动金融创新和树立基金管理人信息披露的市场公信力。对于基金市场来说,自愿性信息披露能够增进基金管理人的市场透明度,有助于形成价格机制,有效配置资源。从市场竞争的角度上看,应该允许基金管理人选择自愿性信息披露的形式与内容,允许基金管理人自由选择所使用的传媒,如广告、报刊、电视、互联网等,但从投资人权利保护的角度来说,也应该实行严格监管,以防止可能出现的基金管理人进行虚假或误导性陈述的情况。

关于基金管理人广告活动的法规通常禁止基金管理人通过广告和其他信息传媒从事欺诈、欺骗或操纵性的活动。因此,资本市场监管部门应被授权发布有关规定,以界定基金管理人的广告活动,并设计合理的方法防范其违规行为。鉴于大多数基金投资者是不成熟或缺乏投资经验的,因而基金经理的信托责任要求他们的广告标准必须比其他产品广告供应商更加严格。因为广告的目的是宣传、影响和说服目标市场,进而改变目标客户的认知,所以对于基金市场而言,基金广告活动和宣传促销活动可以提高基金经理的市场透明度,有助于形成价格机制和资源的有效分配。

在基金广告中宣传投资业绩是一项商业性很强的宣传活动,而法律上并没有对基金管理人是否可以在广告和其他媒体上讨论其业绩信息和数据做出规定。然而,倘若他们这样做了,有关信息和数据必须公正展示。所以,直到20世纪70年代末期,美国SEC仍然坚持认为,按照美国《投资顾问法》的原则性规范,大多数业绩广告本质上是欺诈性的。他们的监管原则是,一则广告披露了所有重要事实,暗示着读者可从中臆测出对基金管理人的能力或对将来可能的投资结果的陈述。因此,业绩广告必须披露所有重要事实,以避免无根据的暗示或推论。SEC认为,倘若基金管理人未能在广告中披露关于缺少实际交易、广告宣传的业绩已因样本适用的可塑性出现变化的事实，以及已发生的折扣各项佣金的事实和损失的潜在性，或者可实际影响管理客户账户的重大经济和市场因素，则违反了美国《投资顾问法》的有关规定。另外，SEC还指出，在广告中登载不显著的否认说明，不足以消除广告的误导性质。[①]在确认样本业绩结果是否误导性方面，他们需要考虑的是广告接收者是哪些群体，是个人投资者还是机构投资者，以及其市场经验。关于实际业绩结果的使用，他们认为如果业绩结果仅仅给一些有选择的客户带来好处，那么未披露选择的依据和广告自身业务的效应问题都会产生误导作用。在美国，由于基金业绩广告未反映出咨询服务费、经纪业务佣金和其他费用的折扣情况，为避免产生误导作用，SEC要求在基金广告中所展示的业绩结果必须是"佣金净额"，他们认为以总值而不是以净值表现业绩结果的广告可能暗示着，或可能会使客户推断出关于客户的投资经历或基金管理人的能力方面的某些内容恐怕是不真实的，因而要求广告载有关于实际的咨询管理费和其他费用的信息。

作为一种委托理财的方式，基金业存在与发展的基石是投资者的信任，即投资者要能够相信所委托的财产受到妥善且尽职的管理，基金管理人不会从事与投资者利益相背的行为，这就需要建立完善的投资者权利保护机制。所以，应该从投资者权利保护的角度研究基金管理人自愿性信息披露的制度安排，通过建立信息披露的追责制度来保护其合法权益不受侵害，或在受到侵害时可以主张民事赔偿。我国现有的法规体系，仅强调了对基金管理人及相关责任人的行政和刑事处罚，而对民事处罚尚无细则，造成中小投资者在受到侵害后无处伸张的局面。因此，应当加强对证券机构信息披露的民事赔偿立法，并出台相关的司法解释，以保障中小投资者的诉讼权利。从投资者权利保护机制来说，只有强制性披露义务可以保证基金持有人表决权的有效行使和对基金管理人受托义务的有效

①朱芒．功能视角中的行政法[M]．北京：北京大学出版社，2004．

监督。为保护公众投资者的权益，许多资本市场发达国家采用信息披露条款和反欺诈条款并用的方式，强行要求基金管理人披露可能产生利益冲突交易的信息，使投资人可以由此判断基金管理人是否有违反受托义务的行为。

（三）研究对基金管理人的激励制度

近年来，管理层通过不断地提高开放式基金的发行力度以稳定股票市场，然而市场对基金的投资热情却快速降温。从募集情况来看，无论是基金募集总额还是平均募集份额都呈严重下滑的状态。在募集周期上，许多基金在募集的第一天就呈现超额申购，而有些基金却不得不延长募集时间。[①]造成这种局面的主要原因在于投资者对基金投资的信心不足，除来源于我国宏观经济层面上的因素外，基金净值的损失使得基金投资者面临损失，打击了投资信心，降低了基金投资者对基金的投资热情。一些明星经理向私募基金跳槽以及基金经理的年轻化也使得基金投资者对基金产生了不信任感。基金表现不稳定，抱团取暖，甚至对大盘助涨杀跌，不能成为让市场放心的一股力量，这些问题的根源还在于基金管理人的激励制度上。2013年基金内忧外患，除了业绩滑坡，份额急剧减少之外，被寄予厚望的股权激励制度层面还遭受重创，使许多根本性矛盾都无法化解。

早在2001年，为了进一步规范证券投资基金管理激励机制，监管部门下发了《关于证券投资基金业绩报酬有关问题的通知》，规定基金管理人不得再提取基金业绩报酬。此后，从收益的角度来看，基金管理人的收益来自基金管理费。[②]我国基金的管理费用主要是按照所管理基金资产净值的一定比例提取，这种提取方式与基金的实际收益水平关系不大，只是基金管理人的业绩越好，基金资产的净值越高，所得的管理费也会高一些。这种提取方式的结果是，在

---

①周雯．风险投资对中小企业技术创新的影响研究[D]．保定：河北大学，2019.

②张乐乐．基于互联网金融的中小企业二次创业融资问题研究[D]．北京：北京邮电大学，2019.

我国的基金监管中，不仅没有形成对基金管理人较为对称的激励与约束机制，而且1.5%的基金管理费可以旱涝保收，即使不存在基金管理人的“道德风险”“主观不作为”等问题，基金管理人也会有很好的收益。在这种情况下，契约型基金具有的委托代理关系的激励和约束机制也不可能完善。因此，应当研究适当降低基金管理费率，恢复允许基金管理人提取业绩报酬的制度问题。

基金管理人的外部治理和内部治理同样重要，尽管在不同阶段有不同的强调重点，但治理的核心问题始终是如何更有效地激励和更严格地约束基金管理人，以提高基金的业绩，实现基金持有人利益最大化；进一步而言，要想提高基金管理人治理的有效性，加强对经理人的激励和约束，内部治理和外部治理必须均衡发展，不能厚此薄彼。而基金管理人的业绩激励制度是激励的改制平台，它一方面形成基金管理人的内部治理机制；另一方面促进基金管理人市场的形成，以形成对基金管理人的外部约束，实现内外部治理的均衡发展。同时，它还为基金监管部门提供了新的监管手段，促使监管层改变对基金管理人的监督方式，进一步加强行业自律，变刚性监督为弹性监督，提高监管的有效性，从而提高基金管理人的创新能力，使其更好地为投资者服务。

参考文献

[1] 虞政平.中国公司法案例精读[M].北京:商务印书馆,2016.

[2] (美)理查德•波斯纳.超越法律[M].苏力,译.北京:北京大学出版社,2016.

[3] 顾功耘,罗培新.经济法前沿问题[M].北京:北京大学出版社,2016.

[4] (英)保罗•戴维斯,莎拉•沃辛顿.现代公司法原理(第九版)[M].罗培新,赵渊,胡改蓉,译.北京:法律出版社,2016.

[5] (美)克里斯多夫•M.布鲁纳.普通法世界的公司治理:股东权利的政治基础[M].林少伟,译,北京:法律出版社,2016.

[6] (美)罗伯特•C.埃里克森.无需法律的秩序[M].苏力,译.北京:中国政法大学出版社,2016.

[7] 王军.中国公司法[M].北京:高等教育出版社,2015.

[8] (美)理查德•J•皮尔斯.行政法(第五版)[M].苏苗罕,译.北京:中国人民大学出版社,2016.

[9] 邓峰.代议制的公司:中国公司治理中的权力和责任[M].北京:北京大学出版社,2015.

[10] 唐应茂.登陆华尔街(增订本)[M].北京:中国法制出版社,2015.

[11] 桑本谦.理论法学的迷雾——以轰动案例为素材(增订版)[M].北京:法律出版社,2015.

[12] 廖志敏.法律中的经济力量[M].北京:法律出版社,2015.

[13] 范健,王建文.商法学(第四版)[M].北京:法律出版社,2015.

[14] (英)艾利斯•费曼,莫洛尼,等.后金融危机时代的监管变革[M].罗培新,赵渊,译.北京:法律出版社,2015.

[15] (日)近藤光男.日本商法总则•商行为法[M].梁爽,译.北京:法律出版社,2015.

[16] 徐昕.论私力救济[M].桂林:广西师范大学出版社,2015.

[17] (美)弗兰克•伊斯特布鲁克,丹尼尔•费希尔.公司法的经济结构(第二版)[M].罗培新,张建伟,译.北京:北京大学出版社,2014.

[18] 苏力.法治及其本土资源(第三版)[M].北京:北京大学出版社,2014.

[19](美)尼古拉斯•人吉奥加卡波罗斯.法律经济学的原理与方法:规范推理的基础工具[M].许峰,翟新辉,译.上海:复旦大学出版社,2014.

[20] (美)罗伯特•罗曼诺.公司法基础(第二版)[M].罗培新,译.北京:北京大学出版社,2013.

[21] 罗培新.给企业讲金融法(管理者最关心的100个金融案例)[M].北京:中国法制出版社,2013.

[22] 罗培新.温州金融实践与危机调研报告[M].北京:法律出版社,2013.

[23] 欧树军.国家基础能力的基础[M].北京:中国社会科学出版社,2013.

[24] (英)艾利斯费伦.公司金融法律原理[M].罗培新,译.北京:北京大学出版社,2012.

[25] (美)理查德•波斯纳.法律的经济分析(第二版)[M].蒋兆康,译.北京:法律出版社,2012.

[26] (美)罗伯特•考特,托马斯•尤伦,等.法和经济学(第六版)[M].史晋川,董雪兵,等,译.上海:格致出版社,2012.

[27] (美)约翰•C.科菲.看门人机制:市场中介与公司治理[M].黄辉,王长河,译.北京:北京大学出版社,2011.

[28] 罗培新.随笔心情:在法律与金融之间[M].北京:法律出版社,

2012.

[29] （美）米尔霍普，（德）皮斯托．法律与资本主义：全球公司危机揭示的法律制度[M]．罗培新，译．北京：北京大学出版社，2010.

[30] 张五常．五常学经济[M]．北京：中信出版社，2010.

[31] （美）肯尼斯•卡尔普•戴维斯．裁量正义一项初步的研究[M]．毕洪海，译．北京：商务印书馆，2009.

[32] 邓峰．普通公司法[M]．北京：中国人民大学出版社，2009.

[33] 刘燕．会计法（第二版）[M]．北京：北京大学出版社，2009.

[34] （美）A．米切尔•波林斯基．法和经济学导论[M]．郑戈，译．北京：法律出版社，2009.

[35] 柳砚涛，等．行政行为新理念[M]．济南：山东人民出版社，2008.

[36] 李波．公共执法与私人执法的比较经济研究[M]．北京：北京大学出版社，2008.

[37] 罗培新，等．公司法的法律经济学研究[M]．北京：北京大学出版社，2008.

[38] 高晋康，郁光华．法律运行过程的经济分析[M]．北京：法律出版社，2008.

[39] 周佑勇．行政裁量治理研究：一种功能主义的立场[M]．北京：法律出版社，2008.

[40] （波兰）米哈乌•费德罗维奇，（西班牙）鲁特•V．阿吉莱拉．转型政治和经济环境下的公司治理：制度变革的路径[M]．罗培新，译．北京：北京大学出版社，2007.

[41] （美）路易斯•卡普洛，斯蒂文沙维尔．公平与福利[M]．冯玉军，涂永前，译．北京：法律出版社，2007.

[42] 李瑜青．法律社会学理论与应用[M]．上海：上海大学出版社，2007.

[43] （美）罗宾•保罗•马洛伊．法律和市场经济——法律经济学价值的重新诠释[M]．钱弘道，朱素梅，译．北京：法律出版社，2006.

[44] 冯玉军.中国法经济学应用研究[M].北京:法律出版社,2006.

[45] (美)唐纳德·A.威特曼.法律经济学文献精选[M].苏力,等,译.北京:法律出版社,2006.

[46] 桑本谦.私人之间的监控与惩罚——一个经济学的进路[M].济南:山东人民出版社,2005.

[47] (美)乌戈·马太.比较法律经济学[M].沈宗灵,译.北京:北京大学出版社,2005.

[48] 湛中乐.现代行政过程论——法治理念、原则与制度[M].北京:北京大学出版社,2005.

[49] 周佑勇.行政法基本原则研究(第二版)[M].武汉:武汉大学出版社,2005.

[50] (美)尼古拉斯·麦考罗,斯蒂文.G.曼德姆.经济学与法律——从波斯纳到后现代主义[M].吴晓露,潘晓松,朱慧,译.北京:法律出版社,2005.

[51] 游劝荣.法治成本分析[M].北京:法律出版社,2005.

[52] (美)理查德·A.波斯纳.法律、实用主义与民主[M].凌斌,李国庆,译.北京:中国政法大学出版社,2005.

[53] 余凌云.行政自由裁量论[M].北京:中国人民公安大学出版社,2005.

[54] (美)曼瑟·奥尔森.权力与繁荣[M].苏长和,嵇飞,译.上海:上海人民出版社,2005.

[55] 朱芒.功能视角中的行政法[M].北京:北京大学出版社,2004.

[56] 罗培新.公司法的合同解释[M].北京:北京大学出版社,2004.

[57] (美)威廉姆.A.尼斯坎南.官僚制与公共经济学[M].王浦劬,等译.北京:中国青年出版社,2004.

[58] 徐邦友.中国政府传统行政的逻辑[M].北京:中国经济出版社,2004.

[59] (美)大卫·D.弗里德曼.经济学语境下的法律规则[M].杨欣欣,译.北京:法律出版社,2004.

[60] 赵旭东.中小企业资本制度改革研究[M].北京:法律出版社,2004.

[61] 肖金明.法治行政的逻辑[M].北京:中国政法大学出版社,2004.

[62] 张维迎.信息、信任与法律[M].北京:生活•读书•新知三联书店,2003.

[63] (美)H•乔治•弗雷德里克森.公共行政的精神(中文修订版)[M].张成福,等,译.北京:中国人民大学出版社,2003.

[64] 刘焯.法与社会论——以法社会学的角度[M].武汉:武汉出版社,2003.

[65] (美)奥利弗•E.威廉姆森.资本主义经济制度[M].北京:商务印书馆,2002.

[66] 陈新民.中国行政法学原理[M].北京:中国政法大学出版社,2002.

[67] (美)理查德•A.波斯纳.正义/司法的经济学[M].苏力,译.北京:中国政法大学出版社,2002.

[68] (美)理查德•A.波斯纳.法理学问题[M].苏力,译.北京:中国政法大学出版社,2002.

[69] 吴思.潜规则:中国历史中的真实游戏[M].昆明:云南人民出版社,2002.

[70] (美)理查德•A.波斯纳.道德和法律理论的疑问[M].苏力,译.北京:中国政法大学出版社,2001.

[71] 冯果.现代公司资本制度比较研究[M].武汉:武汉大学出版社,2000.

[72] 俞可平.治理与善治[M].北京:社会科学文献出版社,2000.

[73] (美)道格拉斯•G.拜尔,等.法律的博弈分析[M].严旭阳,译.北京:法律出版社,1999.

[74] (德)马克斯•韦伯.论经济与社会中的法律[M].张乃根,译.北京:中国大百科全书出版社,1998.

[75] （美）V. 奥斯特罗姆，D. 菲尼 H. 皮希特. 制度分析与发展的反思——问题与抉择，[M]. 王诚，等译. 北京：商务印书馆，1992.

[76] 王宁. 中小企业融资问题研究[J]. 营销界，2019(29).

[77] 刘强. 禹城农商行手机银行业务营销策略研究[D]. 哈尔滨：东北农业大学，2019.

[78] 张惠. 新联华超市市场营销策略研究[D]. 西安：西安科技大学，2019.

[79] 黄迪. 互联网金融下中国银行手机银行营销策略研究[D]. 长春：吉林大学，2019.

[80] 杨琦. 我国中小企业技术创新对经济增长的贡献研究[D]. 北京：国际关系学院，2019.

[81] 张乐乐. 基于互联网金融的中小企业二次创业融资问题研究[D]. 北京：北京邮电大学，2019.

[82] 彭芳春，陈李宏，徐浩. 中小企业融资与民间金融资本对接的可行性分析[J]. 改革与开放，2019(09).

[83] 周雯. 风险投资对中小企业技术创新的影响研究[D]. 保定：河北大学，2019.

[84] 庞重微. 军民融合发展中的中小企业融资问题研究[D]. 长春：吉林大学，2019.

[85] 付桂存. 中小企业股权众筹风险及防范[J]. 合作经济与科技，2018(23).

[86] 王彤彤. 新三板科技型中小企业年报可读性的影响因素分析[D]. 济南：山东财经大学，2018.

[87] 刘东昱. 中小企业挂牌新三板的融资效果研究[D]. 福州：闽江学院，2018.

[88] 刘会芳. 中小企业 IPO 财务造假问题研究[D]. 昆明：云南师范大学，2018.

[89] 王柱.HS 公司融资预测与策略选择研究[D]. 桂林：广西师范大学，2018.

[90] 周亚东.中小企业民间借贷融资的风险研究[D].开封:河南大学,2018.

[91] 吕琮琮.我国商业银行促进中小企业信贷业务困境研究[D].南昌:江西财经大学,2018.

[92] 曾誉.建设银行A支行中小企业信贷风险控制改进研究[D].长沙:湖南大学,2018.

[93] 许祷.我国中小企业资本结构影响因素研究——以上市中小企业A为例[D].镇江:江苏科技大学,2018.

[94] 王丽萍.中小企业贷款风险管理研究[D].济南:山东财经大学,2018.

[95] 石传顺.科技型中小企业创新融资问题研究[D].上海:华东师范大学,2018.

[96] 王冰夏.我国中小企业年金发展中的政府责任研究[D].哈尔滨:黑龙江大学,2018.

[97] 刘琦.若干新型融资工具与中小企业投融资分析[D].长沙:湖南大学,2018.

[98] 李珂.中小企业财务风险的分析与防范[J].商场现代化,2018(03).

[99] 张晓莉.中小企业怎样走出融资困境[J].人民论坛,2018(02).

[100] 康冰清.经济政策不确定性对中小企业投资的影响[D].天津:河北工业大学,2017.

[101] 常莹.融资租赁对中小企业财务风险影响的实证研究[D].天津:天津科技大学,2017.

[102] 赵红瑞.关于完善中小企业股份转让系统的研究[J].经济论坛,2017(11).

[103] 李海燕.金融深化与科技型中小企业股权众筹融资[J].经济问题探索,2017(10).